les objets singuliers ——建築と哲学

ジャン・ボードリヤール
Jean Baudrillard

les objets singuliers
——建築と哲学

塚原 史［訳］

鹿島出版会

ジャン・ヌーベル
Jean Nouvel

Les objets singuliers
— Architecture et philosophie

Jean Baudrillard / Jean Nouvel

Published 2005 in Japan
by Kajima Institute Publishing Co., Ltd.

Japanese translation rights arranged through
Le Bureau des Copyrights Français, Tokyo.

▼目次

装丁　桂川　潤

感謝の言葉

哲学者たちと建築家たちの出会いのイニシアティヴをとったのは、「作家の家」〔パリの文学者の社会活動を支援する組織（一九〇一年創立）〕とパリ＝ラ・ヴィレット建築学校〔パリの国立建築大学〕である。「都市の架け橋」〔都市論をテーマに文学・哲学と建築のクロスオーヴァーを試みたシンポジウム〕と題されたこのプロジェクトは六度開催され、建築学校内外で大きな反響を呼んだ。その一環であるジャン・ボードリヤールとジャン・ヌーヴェルの出会いから生まれた対話が、ここに刊行するテクストの主要な枠組みを形成している。

本書が構想された時点で、著者たちは対話を再開し、彼らの思索全体をその問題点の解決へと、あるいはむしろ、そのラディカルで必然的な未完成状態へと向かわせるテーマをふたたび取り上げて深めることにした。つまり、特異性というテーマである。

本書の出版にあたっては、「作家の家」とりわけエレーヌ・ブレスキーヌに深く感謝する。彼女は「都市の架け橋」というたいへん美しいアイディアを着想し、実現するイニシアティヴを取った。また、パリ＝ラ・ヴィレット建築学校と出版部は、この質の高い対話の伝達を可能にしてくれた。というのも、出会いの特異性が伝達されるのは、まずある種の言葉のなかでのことだからである。

第一の対話

Jean Baudrillard

Jean Nouvel

ラディカルということ

ジャン・ボードリヤール〔以下J・B〕 対話を無からはじめるわけにはいかない。というのも、論理的には、無とはむしろ到達点であるだろうからだ。さて、ラディカルということ〔過激であると同時に根源的であること〕を、私はこれまで建築の領域よりは記述（エクリチュール）や理論の領域で構想してきたが、今では空間がラディカルであるということに心惹かれている…。もっとも、真にラディカルなのは、おそらく無なのだから、空白こそは真にラディカルな空間ではないだろうか。ある空間をいかにして満たすことができるのかを探る機会が、こうしてあたえられたのだから、この問題について考えてみたい。つまり、そのラディカルな拡張（垂直方向や水平方向への拡張）とは別の発想で、すべてが可能になるような次元で、いかにして空間を組織できるだろうか、という問題のことだ。そのためには、状況を現実的に設定する必要がある…。

ところで、私たちはどこかの地点から出発しなくてはならないのだが、私がジャン・ヌーヴェルにたずねたい質問は、ごく単純なものだ――「建築にとって真実は存在するだろうか?」。

か？

ジャン・ヌーヴェル〔以下Ｊ・Ｎ〕　「真実」によって、あなたがいいたいことは何だろうか？

Ｊ・Ｂ　建築にとっての真実とは、ある種の真実やある種の現実のことではない。真実とは、われわれがこんなふうに自分に問いかけるような意味あいにかかわっている。つまり、建築とは、建築のもろもろの基準や目的や用途、様式や手続きからその本質を汲みだすものなのだろうか？　建築とはそうしたことすべてを超えて、別の何かからその本質を汲みだすのではないか？　という問いかけだ。そして、この何かこそが建築の固有の目的かもしれないし、あるいは、建築をその固有の目的の彼方に移行させるものなのかもしれない…。いったい建築とは現実的なものの限界の彼方に存在しているのだろうか？

建築のいくつかの特異なオブジェ（物体＝対象）について

Ｊ・Ｂ　私自身は、建築にとくに関心をもってきたわけではないし、建築に特別な感情を抱いているわけでもない。私が関心をもったのは空間のほうであり、いわゆる「建造された」オブジェ（物体＝対象）のうちに存在する、空間のめまいを誘うすべてのことがらのほうだ。私を熱中させるのは、ボーブール〔パリのポンピドー・センター〕、世界貿易センター、バイオスフィア２〔アリゾナの砂漠にある巨大な地球生態系のシミュレーション施設〕のような建造物、つまり特異なオブジェ〔OBJETは客体・対象・物体（モノ）等、多義性をもつ語だが、本訳書では特異性・他者性の場として「オブジェ」と表記し、必要に応じて他の訳語を併記する〕なのだが、それらは私から見て、とりたててすばらしい建築だというわけではない。私がこれらの建築に惹かれるのは、建築的な意味のせいではなくて、それらが表現している世界のためだ。

世界貿易センターのツインタワーのような建物の場合、真実とはいったい何だろうか。あの場所で、建築はひとつの社会状況を、構築された完全なフォルムのうちに意味づけ、表現している。そこではすでにハイパー・リアル〔現実の記号化がもたらす、現実よりリアルな「現実」。『シミュラークルとシミュレーション』参照〕な時代が事実上素描されているような状況のことだ。あの二つの塔は、二枚のパンチカードのように見える〔『象徴交換と死』参照〕。今日では〔二〇〇〇年現在〕、あのツインタワーはおそらくすでにクローン操作を施されて、たがいに相手のクローンとなっているともいえそうだが、そのことで、時代を先取りしていたのではなかったろうか。もしそうなら、建築とは目の前の現実ではなくて、その社会のフィクションのうちに、未来を先取りする幻想のうちに存在しているのではないだろうか？　あるいは、建築とは、目の前の現実をただ単に表現するだけなのだろうか？「建築の真実は存在するか？」と問うことは、建築と空間には、知覚による認識を超えた目的性が存在するかもしれないと考えることでもあるのだ。

J・N あなたの質問に答える前に、この対話が、慣例的に用いられている用語以外の言葉で建築について語るという、他に例のない機会となっていることを、まず確認しておきたい。あなた自身がよく知っているように、ボードリヤールという存在は知識人としての機能をアクチュアルな意味で引き受けていると、私は考える。つまり、混乱した質問、あるいは真の意味での質問など、あらゆる質問に関して、あなたはさまざまな主張や問題提起をするわけだが、それらは、誰にでもすぐに理解できるわけではないのだ。

今夜、あなたが〔体験としては〕知らないと自認し、あまり関心がないとさえ称する〔建築という〕領域で、私がどれほどの主張を引き出すことができるかどうかは、まだわからないけれど、そのための努力は惜しまないつもりだ。

最近、あなたの著作をすこしばかり読み直してみて、建築に関しては、十二年前に私と交わした対談以外には、ほとんど触れられていないことが確認できた。こうした確認の作業をつうじて、私は、ニューヨークやボーブールについてのあなたのテクストから建築をめぐる思索に対応する多くのことがらを見いだしたし、〔パリ・デファンス地区再開発など、ミッテラン大統領時代のグラン・プロジェのような〕巨大プロジェクトに代表される怪物的な建築や、われわれに多くの問いを投げかけるラディカルな問題提起についてのあなたの考察に注目したのだった。

限界としての建築――それこそ、私の関心事だ――について語ろうとする場合には、いつでも知と非知の臨界に位置しなくてはならない。建築の冒険とは、まさにこの臨界の体験であると同時に、現実としての世界、つまり一定の合意をふくむ世界に位置づけられる。あなたはどこかで、誘惑が存在するためには合意が必要だと述べていた（『誘惑について』（一九七九年））。じつは、建築家の仕事とは、社会情勢の力関係を利用して誘惑の様式（モード）にかかわるという仕事であり、その意味で、建築家は非常に特殊な状況に置かれている。

　建築家は、伝統的な意味での芸術家＝アーティストではない。建築家は、白い紙を前にして瞑想にふける存在でもなければ、カンヴァスに向かって働きかける存在でもない。建築家を、私はしばしば映画監督と比較する。というのも、建築家も映画監督もほぼ同じような制約を受けていて、決められた時間と一定の予算で、ある対象物（オブジェ）を創り出さなければならないという状況に置かれているし、それに、どちらもチームを組んで仕事をするからだ。そればかりか、どちらも直接的、あるいは間接的に検閲を受けることになる。安全基準や金銭的な問題などの名目の場合もあるし、公然たる検閲の場合もある。フランス国内の建物の建築家は「フランス建物検閲官」と呼ばれてもよいほどだ。建築と検閲は切っても切れない関係にある。建築家の活動領域には限度があり、その意味では限定されているといえる。

　この現実から出発して、いったいどこに、自由な空間と、こうした制約を乗り越える手段を見いだせるだろうか？　私自身は、そんな自由を複数の要素の結合、とりわけ〔建築の〕前提となる思考の形成過程のうちに求めてきた。この場合、「コンセプト〔実在する対象に関する概念〕」という言葉を用いるべきなのか、そうではないのかという問題が生じる。私はこの語をとても早い時期から用いてきたし、それが哲学的には適切な用語だということも認識していたが、そのことを確認した後では、ドゥルーズにならって「ペルセプト〔現実に準拠しない（実在するとは限らない）対象に関する知覚〕」や「アフェクト〔情緒〕」について語ることも可能だ。もっとも、それ自体はさしあたりの問題ではない。

問題は、それぞれの建築プロジェクトをひとつの概念あるいは前提となる発想と結合することだが、その場合には、たがいに関係を結んで、未体験のひとつの場所を規定する複数の知覚を相乗させる――あるいは、時には対立させる――という、非常に特殊な戦略が必要になるだろう。われわれ〔建築家〕は、つねに、創意と非・知とリスクの領域に身を置いているのだ。この未体験の場所とは、うまくいけば、ある種の秘密の場所となり得るかもしれないし、そうなれば、もろもろの事態、われわれが制御していない事態や宿命的なものの領域に属する事態が、この場所に立ち現れるかもしれない。それらは、コントロールを意図的に免れたものの領域なのだ。

〔建築の現場では〕コントロールと挑発のあいだのバランスを見いだすことが必要だ。これまで私が実現しようと試みてきたすべての建物は、これら三つのことがら〔創意、非・

知、リスク〉の結合を基盤としている。そのうえで、こうした建物は、私には察しがつくが、あなたに関心のある観念、つまり幻想の観念に準拠することになる。

幻想、ヴァーチャリティとリアリティ

J・N　私は、もちろん自分が手品師だとは思っていないが、私が創造しようとする空間は解読できない空間であり、ひとが目で見ているものの精神的延長となるような空間でもある。この誘惑の空間、この幻想のヴァーチャルな空間は、じつは厳密な戦略にもとづくものであり、戦略自体がしばしばある種の方向転換ともなる。私は自分の周囲にあるものをよく利用する。こういっては失礼だが、あなたや他の数人〈の思想家〉も、大いに利用している。映画の領域での出来事も利用した。たとえば、ピント合わせの際の被写界深度を応用することがあるが、それは、自分でもどこで終わるのかわからないが、精神がそこから作動しはじめるような一連のフィルターを効かせようとしているからだ――一種の入れ子状の形態でもある。

こうしたことは、私がすべて考案したものではない。日本庭園を見てみよう。そこにはつねに消失点が存在している。そこから先は庭園が終わるのか、まだ続いているのかわか

らないような場所だ。私はこの種の状況をひきおこすことを試みている。地平線に格子を嵌めこむプロジェクト——私がテット＝デフェンス地区のために設計したもの〔本書一一四ページ参照〕——に見られる透視遠近法の現象では、私はアルベルティ〔レオン・バティスタ。イタリアルネサンス期の建築家〕的遠近法の論理を乗り越えるための試みを定式化して提示した。つまり、あらゆる要素を数列上で読み取れるように配置するか、さもなければこの数列のリズムに合わせてスケールを作動させて、空間を意識させるための試みだった。

私がこうした限界から外に出たとしたら、いったい何が起こるだろうか？　私が、建物は水平線と観察者の間にあるのではなくて、水平線に書きこまれているといったとしたら？　建物がその物質性を失ったとしたら、そこから先は、いったい何が起こるだろうか？〔建築の〕非物質化は、私が関心を抱くことのできる考えのひとつで、無限の塔〔フランス革命二百周年のモニュメントとしてヌーヴェルが企画した、エッフェル塔の二倍の高さの塔（実現しなかった）〕はその一例となる。この場合も、私の考案ではない。たしかドゥルーズが『プルーストと記号』（一九七四年）で、別のいい方ではあるが、そのことを論じていたと思う。物質ではなくて非物質的なものをつうじて、感知可能なものの認識をひきおこすというこの種の方向転換は、建築が取り入れるべき概念のひとつだ。

したがって、そのような概念から出発して、目に見えるもの以上の何かの創造へとたどりつくことができる。そして、この「目に見えるもの以上の何か」は、もろもろの場所をつうじて姿を現す。建築が映画から借りてきたという意味で、ポール・ヴィリリオも強調するように、シークエンス〔まとまったストーリーをもつ連続シーン〕の概念は非常に重要だ。別のいい方をすれば、移動や速度、あるいは走破すべきコースや既知のコースと結びついた記憶といった概念は、われわれが、目に見えるものからだけでなく、視覚的につながった一連のシークエンスのなかで記憶しているものからも、ひとつの建築的空間を組み立てることを可能にする。これから創造されるものと空間の認識の起源に存在していたものとのコントラストが、そこから生じるのだ。

ヴェルサイユ〔宮殿〕の劇場へ入るには、絶対に自己を主張せず、加工もされず、まったく無装飾な石の回廊を通るが、この回廊を抜けると、その装飾と気取りという意味で絶対的に驚異的な何ものかが、突如として立ち現れる。この劇場が構想され、思い描かれ、実現された時代からは、すでに私が述べた現象〔物質性から非物質性への方向転換〕の発端が見えかくれしている。とはいえ、今日われわれは、もうそこにとどまってはいない以上、これらの概念を乗り越える必要がある。

コントラストや連続や延長という概念を建築のプロジェクトの基本概念として採用すればよいとしても、同時に、私が手品師の演技という意味で、ヴァーチャルな空間を作動させるのは、空間と建築が目で認識するものだからだ。したがって、われわれは、目が視覚をつうじて取りこむあらゆるものを利用できるが、そのことで目を濫用することにもなってしまう。もっとも、古典的文化はしばしばこの種の濫用をあてにしていた。

フォンダシオン・カルティエ〔ヌーヴェル設計のパリ・カルティエ現代美術財団ビル（一九九五年）〕のような建物の場合――そこで、私はリアルなイメージとヴァーチャルなイメージを意図的に混ぜ合わせたのだが――、そのことは、同一平面上で、私はヴァーチャルなイメージを見ているのか、それともリアルなイメージを見ているのか、自分でもわかりはしないということを意味している。ファサードを見ると、それは建物より大きいので、そこに空の反射を見ているのか、それとも透どおしの空を見ているのかわからなくなってしまうのだ…。そのあとで、三つのガラスの面をとおして樹木を見ても、透どおしの樹木を見ているのか、面の前あるいは後ろの樹木を見ているのか、それとも樹木の反射を見ているのか、私にもわからない。私はたまたまガラス面と平行に二本の樹木を植えたが、そこに二番目の木があるのかも、それが現実の木なのかも、見分けられなかった。

それは一種の遊びであり、こんな話をするのも、あなたを台所、つまり建築の台所に入れるためだといってよい。台所の事情など明かすべきではないかもしれないが、時には実情を話しておく必要がある。それは、建築にとってヴァーチャルな空間あるいは心的空間を創造する手段であり、感覚を濫用する方法、とりわけ〔感覚の〕不安定化の領域を維持する方法なのだ。

不安定化の領域？

J・N　建築家が依頼主と相談する場合、映画監督がプロデューサーと話すときのように、依頼主は〈一〉平方メートルあたりの単価、〈建築〉面積などについて、山のような質問をしてくる。それは建築可能なのか？　ブルジョワにショックをあたえないか？　といったたぐいの質問もある。そのうえで、語られないことがらが残る。建築の現場では、語られないことがらの領域に属する部分が存在し、〈建築という〉ゲームに参加してくる。

この語られないことがらは、倫理的レヴェルではプラスアルファとなるもので、売買や交換の過程や、経済的概念とは相いれないが、建築の生命にかかわる何かを意味している。それこそは、建築に賭けられているものなのだ。なぜなら、仮に建築物がただ単にある種の機能性の表現にすぎないとしたら、経済的状況の結果にすぎないとしたら、それは意味をもつことができないからだ。

この点に関して、ニューヨークについてのあなたのテクストのひとつに、私がとても気に入っている一節がある〈『象徴交換と死』〉。そこで、あなたはこの都市が激しく、乱暴で、無媒介的〈＝直接的〉な建築のかたちを表現している、と書いていた。そのようなかたちこそは、建築の真の形態であり、そこには環境建築もやさしさを装った建築も必要ではないし、むしろそうした建築のほうが生命の力に対立するものであるかもしれない、と。私のいうことはこの見解とかならずしも矛盾するものではないが、ニューヨークばかりでなくいたるところで、不安定化の領域ともいえる領域を残しておくことが必要なのだ。

J・B 「合意」のようないくつかの用語を除けば、君の意見に同感だ…。ただし、君が誘惑は合意的だというとき、私は懐疑的にならざるを得ない。

J・N あなたは、建築に関してだけそう述べていた…。

J・B それ〔建築に関する合意〕はまさに、見えるものと見えないものをつうじて建築に接近するひとつの方法なのだよ。建築についてはあまり述べたことがないが、私のすべての著作のなかで、〔建築は〕透かし模様のようなかたちで問題にされている…。目に見えないものに関する君の話には、全面的に賛成だ。君の仕事で私がとても気に入っているのは、それが、じつは目に見えていないという点だ。世界の事物とは不可視なものであり、みずからを不可視にすることができる。人びとがやってきて、それらの事物を見る。けれども、事物が、それを見る側の覇権主義的な可視性をじつは挫折させているという意味では、事物は見えないなのだ。すべてが即時的に可視的で即時的に解読可能でなくてはならないというこの種のシステムの覇権主義的可視性がわれわれを支配している。

君が構想するような空間では、場所（リュウ）と非・場所（ノンリュウ）〔「不起訴」の意もある。ボードリヤールの用語では「出来事が起こらない事態」「あり得ない場面」〕を同時に創造する建築が存在するが、この意味〔事物の不可視性〕では、それはむしろ非・場所に属していて、だからこそ、そこに何かが出現する形態が創造されるのだ。それはまた、誘惑の空間でもある。だから、私は以前に用いた表現を取り消してもよい。誘惑は合意的ではなくて、決闘的〔単に二重（デュアル）であるだけでなく、二項が闘争的関係にある状況。『不可能な交換』参照〕なものだ。誘惑は、まさにあるオブジェ（物体＝対象）を現実の秩序、オブジェをとりまく可視の秩序に立ち向かわせなくてはならない。この決闘――それは相互関連性でも、文脈上の前後関係でもない――がなければ、誘惑は存在しない。

それ自体に固有の現実の彼方に存在するという意味で成功を収めたオブジェ（物体＝対象）は、決闘的な関係をつくりだす。それは、方向転換と矛盾と不安定化を経由する関係だが、ひとつの世界のいわゆる現実とそのラディカルな幻想を、じっさいに対決させるのだ。

コンセプト、解消不能性、めまいについて

J・B　それでは、ラディカルということについて語ろう。セガレン〔十九世紀末フランスの詩人、船医として世界を旅し、他者性に関する考察を残した。ボードリヤールとギヨームの対話『世紀末の他者たち』に詳しい〕が述べたような、事物のラディカルなエキゾティシズムについて、つまり、自分自身のアイデンティティとの距離感について、語ることにしよう。この種の距離感からは、めまいにも似た感覚が生じて、そこにはあらゆる情緒やコンセプトや将来への期待、その他お望みのものが介入してくる。といっても、それは解決も解消もできない何ものかなのだ。

この意味では、たしかに、建築されるオブジェ（物体＝対象）は、すくなくとも君の建築やそれ以外のもっと無統制な建築は、指向対象〔言語（概念）が指し示す対象（オグデン＝リチャーズの『意味の意味』では「指示物」）〕をもたない建築だということになる。そのことが、かえって、「未確認」なばかりか、決定的に確認不能なオブジェ（物体＝対象）であるという、それらの建築の特性となっているように、思えるのだ。そこでは、わざとらしいアナロジーをつうじてではなくてごく自然に、エクリチュールとフィクションと建築が結びつくことが可能になる。ある社会や出来事や都市の状況を分析する場合に、われわれは出来事自体を選ぶわけにはいかないので、コンセプ

トを選ぶほかはないのは事実だが、この選択は持続すべきものだ。

コンセプトの選択は、ある建物やある理論が（何でもかまわないが）受け取ることができる前後関係（コンテクスト）や、あらゆる意味作用（ポジティヴで機能的な意味作用）と対立しないわけにはいかない。コンセプトを、ドゥルーズは二者闘争的な何ものかとして、彼なりに定義していた。ところで、出来事のほうは、それが起こって、可視的なかたちを取り、解読され、メディアやその他の声や情報をつうじて重層決定されるのに対して、コンセプトのほうは、非・出来事〔（現実世界の）出来事が起こらない状態（『不可能な交換』参照）〕をつくりだすことになる。コンセプトは、それがいわゆる「リアルな」出来事に対抗して、理論的あるいはフィクションとしての（何でもかまわないが）非・出来事を提案するかぎりで、むしろコンセプト自体が出来事となる。

私自身は、エクリチュール〔この場合は社会的場面での言語表現〕に関してなら、コンセプトがどのようにして出現するのか、すこしは理解できるが、建築に関して理解できることははるかにすくない。それでも、君の仕事に関しては、私は君が語ったあの幻想によってもたらされる効果のうちに、非・出来事性を強く感じている。幻想といっても、疑似餌やだまし絵のような意味ではなくて（もちろん、そうともいえるが、シミュレーション〔ボードリヤールの用語としては、現実を反映しない純粋な記号の働きを指す〕〔『シミュラークルとシミュレーション』参照〕という意味での疑似餌ではない）、事物に関する考察や画面（スクリーン）を超える次元に移行する何かという意味だ。

今日、われわれはそうした画面にかこまれて生きているので、画面に現れずに、透きとおった威信価値を行使できるような——といっても、透明性の独裁ではない——表面や場所をつくりだすことは、非常に稀なことだ。この問題について、言葉の整理をしておこう。幻想とは、ヴァーチャルなもののことではない。ヴァーチャルなものとは、ハイパー・リアリティ、つまり画面の空間や心的空間の可視性といった、強いられた透明性がもたらす可視性の共犯者なのだから。ところが、幻想のほうは、まったく別のことがらに合図を送っている。

君のやっていることのすべては、たしかに画面を通過した、別の建築であるように思える。というのも、逆転した宇宙、反宇宙、反・出来事のような何かをつくりだすためには、あの〔情報化社会の〕充満状態、あの最大限の可視性、そこで事物に押しつけられる過剰な意味作用を、絶対に打破しなくてはならないからだ。この点では逆に、私は、こうした状況の歴史的過程で、建築が社会的現実——それもまた、言葉の悪い意味での幻想だが——の表現や変革要素になりたいという誘惑に駆られる場合には、事物を制約するあらゆる社会的、政治的前提がいったいどうなってゆくのか、ぜひ知りたいと思う。

ある意味では、たとえ建築が政治的プログラムに対応したり、社会的ニーズを満足させたりすることを望むとしても、建築はそうした目的にはけっしてたどりつかないだろう。なぜなら、幸いなことに、建築にはブラックホールのような何かが存在するという、別の一面があるのだ。このブラックホールが意味しているのは、結局、〔建築が〕「マッス〔消費社会の大衆〕」

を相手にしているということにすぎない。彼らは〔建築の〕受け手としては意識的でもなく、思慮深くもなく、何でもない。マッスは、建造されたすべてのものに関して、極端に倒錯した操作者となる。だから、たとえ建築家が自分の望みどおりのものをつくろうとし、自分のいいたいことをそこに意味づけようとしても、その希望は方向を変えられてしまうだろう。君が方向転換といったのは正しいし、不安定化もそうだ。それは、いずれにしても訪れる事態なのだ。そのことについては、もう話したね。

政治についても、そのほかのあらゆるカテゴリーについても、おなじことがいえる。そこには何かが存在するが、それは無にすぎない。そして、反対側を探しても、やはり無があるだけだ。なぜなら、大衆、人口、統計などの数字があふれているところには、いつでも方向転換が存在するからだ。この種の方向転換は、たとえば建築や芸術作品の場合には、それらに関して可能な使用法を変換するとともに、結局は、もともとそれらの作品にあたえられていた意味を変換してしまう操作のようなものでもある。芸術でも、それ以外のことがらでも、ある時点で、特異なオブジェはそれを創造した者によって、この謎めいた、不可解な側のほうへ連れもどされ、われわれにつきまとい、われわれを魅了する。

さいわいなことに、この方向転換があるからこそ、われわれは、決定されて機能化され、動きのとれなくなっている世界で生きつづけられるのだ。この種のあらかじめ備わっている方向転換の力がなければ、われわれの世界は生きられないものになってしまうだろう。

といっても、それは社会学に属することがらではまったくない。社会学はその反対に、公認された行動を統計の数字に変換するまえに、まずそれらを登録して記録するのだから。

　したがって、私は建築的オブジェをすこしばかり相対化してみたい。何かを創造するときには、ある意味でそのことを望む必要があるのはもちろんだが、その際、そのオブジェ（物体＝対象）の届け先である人びとの側に、たとえ現実原則〔フロイトの用語としては、欲望の充足を遅延・断念させて現実に適応する心理過程の原理で、欲望の即時的・直接的充足を求める快感原則とは対立する〕も真実の原則も存在しないとしても、そこには宿命的な方向転換と誘惑が存在しているだろうからだ。それ自体との同一性を信じて疑わない事物、自分の人格や才能との同一性を信じて疑わない人びとが、方向を変えられ、不安定化され、誘惑されるように仕向けなくてはならない。この意味で、誘惑は、そのもっとも普遍的なかたちでいつでも起こっていると、私は信じている。

　とはいえ、情報とメディアの新しいテクノロジーによってヴァーチャル化された世界で、誘惑の、決闘的で解読不能な関係が以前とおなじように起こり得るのかどうかは、定かではない。君が語ったような秘密が、まったく別の世界によって全面的に壊滅させられるかもしれないのだ。今日話題となっているヴァーチャルな世界では、建築などというものはもはやまったく起こり得ないのかもしれないし、事物の重量や重力と事物の非・場所（その全面的な透明性）に同時に働きかけるこの象徴的形態は、やがて廃絶されてしまうのかもしれない。もっとも、そんなことがヴァーチャルな世界で起こり得るのかどうかも、私には定かではない。

われわれは完全な遮蔽幕（この場合には、あらゆる情報を遮断し、選択して、再送信する社会的装置のこと（ボードリヤール『トータルなスクリーン』参照））で覆われた状況のなかにいるので、そこでは、建築の問題は別のかたちで提起される。事実、この種の〈ヴァーチャルな〉世界とまさに一体となった完全に表面的なタイプの建築が、おそらく存在するだろう。それは凡庸さ（バナリテ）とヴァーチャリティの建築であり、それでもなお独自性をもつことができるかもしれないが、もはやおなじコンセプトに属してはいない。

創造と忘却について

J・N　建築の大きな困難のひとつは、建築が存在すると同時にすぐに忘れられなくてはならないということだ。つまり、あらゆる生きられた（＝体験された）空間は、永遠に鑑賞されるためにつくられてはいないのだ。建築家が抱えている問題は、自分が発見した場所をつねに分析し、見つめている存在だということであり、それは正常な立場とはいえない。
私自身にとって、アメリカの都市が気に入っているのは――それをモデルにしようとは思わないが――、それらの都市を建築のことを考えずに通りすぎることができるからだ。歴史をもつ美的側面など考えなくてもよいのだ。アメリカの都市を、ひとは砂漠や、その他多くの事象とおなじように、芸術や美学、美術史や建築史などを気にしたりせずに見てまわることができる。これらのアメリカの都市は、われわれが、いわば空間の原光景〔ボードリヤール『アメリカ』中の表現〕に立ちもどることを可能にしてくれる。もちろん、そうはいっても、こうした都市もまた多様なリアリティによって構造化されているが、アメリカの都市は、ありのままの姿でも純粋な出来事、純粋なオブジェ（物体＝対象）であり、いかにも建築だと自負するような、あの気取りをもたない。

J・B 美術——絵画——の場合にも、おなじことがいえる。もはや美術も美術史も美学も演じようとしない作品ほど強烈な作品は存在しないからだ。エクリチュールの領域でもそうだ。過度に美学化された次元のなかで、意味とリアリティと真実という気取りが消滅する場所が、私には好ましい。私が思うには、良い建築とはそれ自体でこの仕事を達成できる建築のことだ。それは喪の作業〔フロイトの用語としては、対象喪失にともなう悲哀を解消する心理的過程の働き〕ではなくて、消滅の作業であり、出現と消滅をともにわがものとすることでもある。

機能主義の価値観

J・N　しかし、われわれが、特別な意図をもたない多くの建築にとりまかれていることを認めなくてはならない！　一連の近代的あるいは近代主義的――用語の歴史的な意味で〔市民革命と産業革命によって成立した近代性を普遍化するイデオロギーとしての近代主義〕――な態度は、この現実にもとづいて構築されたのだから。〔建築の〕無数の現場には、美的意図をもたない美学が存在している。そこには、建築そのものからはほど遠い、あの前提が見いだされる。機能主義的価値観という前提だ。

　今日、レーシングカーを見るひとは、それが美しいから見ているわけではない〔未来派創立宣言中の言葉「レーシングカーはサモトラケのニケより美しい」（一九〇九年）参照〕。十九世紀の建築も、（その四分の三の時代は）美的意図を特徴にすることのない、ありのままの建築だった。それは十九世紀の話だが、二十世紀末の工業地帯について語ることもできる。そこにはたしかに、妥協のない、むきだしの、ラディカルな建築があり、それらは確実に魅力的なものに見える。

　だが、ここで、私は建築に関するあなたの考えに立ちもどりたい。あなたは建築について、いくつかの重要な意見をもっているのだから！

　たとえば、あなたはいった。「建築の場合には、状況を反転させてから、規則を再発見する必要がある。」「建築では、思想を無視することが最小限の戦略となる。」「すべてのオブジェ（物体＝対象）の背後には、悪霊がひそんでいる。」「ニューヨークは、世界の終わりの震央である。」そしてさらに、「世界の終わりというユートピアを救い出さなくてはならない。それが知識人の仕事だ。」とにかく、熱弁にはちがいない。

ニューヨークあるいはユートピア

J・B　いいだろう。ニューヨークについて、それが世界の終わり、つまりアポカリプスの震央だというのは、同時に、ニューヨークを実現されたユートピアとみなしているということだ。そこには、現実というもののパラドックスが見いだされる。アポカリプスを夢見ることはできるが、それは未来の見取り図であり、実現不可能なことがらだ。未来のあらゆるパワーは、アポカリプスが実現されないという事実から生じている。ところが、ニューヨークは、すでに完了した世界を前にした茫然自失感をもたらす。それは絶対的にアポカリプス的な世界だが、その垂直性において満腹した世界だ——この点でも、結局、この都市はある種の失望を呼び起こす。というのも、世界の終わりがすでにかたちを取って、そこに存在する以上、この街を破壊することはもはや不可能なのだ〔9・11直後の論考「テロリズムの精神」では「ツインタワーはまるでひとりでに崩れ落ちたかのようにゲームに参加」したとある（『パワー・インフェルノ』に収録）〕。

ニューヨークが破壊不能だというのは、そこでは〔建築の〕形態がすでにその役割を果たし、形態そのものの終わりを乗り越えて、固有の限界の彼方で実現されてしまったということを意味する。そこにはかつて、空間の解放と脱構造化があり、垂直性への限界が消滅することになった（他の場所なら、水平性への限界の消滅だったろう）。しかし、空間がすべての次元で、かぎりない決定不能状態に置かれたとき、はたしてそこに建築がなお存在するだろうか？　われわれ〔フランス〕の場合には、別のものが存在している。乗り越え不能で、反復不能な、怪物的オブジェ（物体＝対象）としてのボーブールだ。その意味で、ニューヨークは特別な都市ではある。ニューヨーク以外なら、ほかのやり方があるだろうし、その場合には、もっとはるかにヴァーチャルな世界へと移行しているだろうが、現実の秩序のなかでは、この都市とその建築以上のことはできそうにない。それがまたアポカリプス的なのだ。私は、カタストロフィー的であると同時に崇高でもあるニューヨークの表情が気に入っている。というのも、この都市はほとんど宗教的儀礼のような力を獲得しているからだ。

J・N　それでは、あなたのこの言葉はどうだろう。「世界の終わりというこのユートピアを救い出さなくてはならない。それが知識人の仕事だ…。」

J・B　ほんとうに思想を救い出す必要があるかどうかは疑問だが、すくなくとも、形態の可能性のほうは救済しなくてはならないだろう。形態としての思想、といってもよい。ひとつの終わりのような、完成しすぎた何かを前にすると、たしかに、恍惚感や純粋な瞑想のほうに連れていかれてしまう…。そうではなくて、思想のなかに、思想の心的空間のなかに、コンセプトを再発見しなくてはならない。手前に立ちもどるか、それとも反対側に移行する必要がある。ここでもまた、すでに完成した何かがある種のタイプの遮蔽幕(スクリーン)となる。才能とは、このあまりにも完璧なイメージをいつでも不安定なものにできる能力を意味しているのではないだろうか…。

J・N　あなたはまた、とりわけ建築に関して、こんな驚くべきことを述べていたが、覚えているだろうか。「建築とはノスタルジーと極限の先取りが混ざりあったものである。」この種の発想は、私にとってはまだ有効なものだが、もう十五年前の話だ。いまでも、そう思っているのだろうか?

ノスタルジーと先取りの間の建築

J・B　われわれはつねに、失われたオブジェ（物体＝対象）〔「遺失物」の意もある〕をふりかえるというレトロスペクティヴにとらわれている。意味と言語のレヴェルでさえ、そうだ。人びとはつねに言語を使用しているが、それは同時にノスタルジアであり、失われたオブジェでもある。他方、言語を使用することは、それをつうじてすでに従来とは別の状況に入りこむ以上、ある種の先取りでもある…。この二種類の現実の秩序を、同時に体験する必要がある。つまり、失われたもののほうに顔を向けながら、われわれを待ち受けているものを先取りすることが、われわれにとっての宿命なのだ。この意味で、われわれはけっして状況を単純明快なものにすることはできないだろう。「それはわれわれの背後にある」とも「それはわれわれの前方にある」とも、いえはしないのだ。

もっとも、このことは理解しにくい。というのも、近代性の発想とは、いずれにせよ、過去と未来が連続して共存することが明確であるような次元だからだ…。おそらく、われわれ自身はもう、そのような世界のなかには存在していない――存在していたことが、一度でもあったとしての話だが！――。そうした世界は、おそらく、事物の出現のひとつの形態にすぎない。どのような形態についてもいえることだが、あらゆる形態はいつでもすでに失われているし、それ自体を超えるパースペクティヴのうちにすでに先取りされてもいるのだから。それこそが、ラディカルであるということの特性なのだ…。

ラディカルであるとは、喪失においてラディカルであると同時に、先取りにおいてラディカルであるということだ。どんな物体＝対象でも、こうしたやり方でとらえられなくてはならない。いま述べたことはすべて、何ものかが「現実的」であるかもしれないとか、それを意味や前後関係（コンテクスト）や主体や客体などをもつ何かとみなせるかもしれないなどという考え方に対立している。事物とは、もはやそのようなものではないし、いちばん単純だと思われる事物でさえ、つねに謎めいた側面をもっているが、それが事物のラディカル性というものなのだ。

J・N　あなたをこれ以上困らせようというわけではないが、あなた自身からの引用を三つあげておこう。

「建築とは、おそらく、空間の解体を背景としてなされる仕事のことである。」

「すべての事物は曲面（カーブ）である。」（これは、私にとって非常に重要な言葉だ。）

「挑発とは、あまりにも深刻な誘惑である。」（これも、建築に関して語られた言葉だ。）

誘惑について（続き）
挑発と秘密

J・B　さいわいなことに、私のほうは、君のテクストを全部読み直したわけではないよ！「すべての事物は曲面である」というのは、じつにわかりやすい言葉だ。曲面鏡では、鏡像の両端が存在しないか、交わってしまうように、すべての事物は、この意味で、それぞれに固有な円環をなしとげるのだから…。

挑発＝誘惑…、計画されて結果のわかっている誘惑など存在しない以上、それはたいしたことを意味していない。誘惑とは、〈誘惑する者とされる者という〉この種の対立に関して、むしろ逆方向からの構図を思い描くことだろうし、そうした発想を抱いて、まさに実行に移すことでもあるだろう…。ここでもまた、あらかじめ準備されたあらゆる手続きは、あきらかに誘惑とは逆の意味のものだ。誘惑も、構築された事物や普遍化された両義性の消滅という誘惑の効果もプログラム化することはできないのだから、誘惑を公式化することはできない。誘惑は秘密でありつづけなくてはならないのだ。秘密の領域とは誘惑の領域であり、それは挑発のなかではじめて明るみにひき出される。

挑発は、誘惑とはほとんど正反対の過程だ。つまり、挑発とは、矛盾対立やスキャンダルや挑戦をつうじて、おそらく秘密を守らなくてはならないような何ものかを目に見えるようにしようとする過程を意味している。ここで問題なのは、〔誘惑という〕掟あるいはゲームの規則にたどりつくことだ。ゲームの規則とは、まさに秘密のことだが、現代の世界では、秘密はますます困難になっている。というのも、われわれの世界では、あらゆることがらが全面的な混合状態のうちに提供されるので、すき間も空白も無も存在しないほどだからだ。この世界には、無はもはや存在しないが、無とは秘密の場所であり、そこでは事物が意味を失い、アイデンティティを剥奪される場所でもある。そこでは事物があらゆる可能な意味を奪い取るよりはむしろ、何かしら理解不可能なものになるということだ。

あらゆる建造物、あらゆる街路には、それが出来事となるような要素が存在する。この要素が理解不可能性なのだ。個人の状況は行動のなかにも、誰にも理解できず、プログラム化もできない何かが存在し得る。都市計画については、君のほうがはるかに経験豊かだが、都市計画とは、空間の自由と自由な空間に秩序をあたえるものであり、この種のあらゆるプログラム化は絶対的な反語表現となる。結局、秘密とは、人びとがそれをみずからひそかに分泌させる場所に存在するのだから。秘密はまた、人びとの決闘的で両義的な関係のうちにも存在することができるが、その場合でも、そこには希少物質のような何かが、理解不可能なものとして存在するわけだ。

J・N　対話を、消滅の美学について語る方向で続けることもできるだろう。ここで、もう一度あなたのテクストを引用しておく。それは建築に関するものではないが、いずれにしても、あなたをすこしばかり挑発するためだ。

あなたはこう述べている。

「ニヒリストであることが、生産の様式ではなくて消滅の様式にとり憑かれていることであるなら、私はニヒリストだ。」〔『シミュラークルとシミュレーション』〕

あるいは、「文化に反するすべてのことがらに、私は同意する。」

こうした発言は、アクチュアルな討論のほうへわれわれを連れ戻すだろう…。

私自身、建築に関しておなじことがいえる。建築に反対するすべてのことがらに、私は同意する、と…。二十年ほど前に、そうした主旨のテクストを私はこう書き始めていた——「建築の未来は建築的ではない」。重要なのは、建築とは何かについての合意が、建築をどこへ連れて行くのか、文化とは何かについての合意が、文化をどこに連れて行くのか、ということだ…。

建築のメタモルフォーズ

J・N 建築とは、それほど複雑なことがらではない。そのことを説明しておこう。

私にとって本質的なことがらのひとつは、二十世紀をつうじて、建築の総合的な意味に関する変化が起こったとみなすことだ。つまり、かつて建築は、ひとがそこに住むことのできる人工的な世界を構築することを第一の目的としていた、という意味だ。そうしたことはすべて、かなり単純なやり方でなされていた。建築には、自立した、明確な知があり、処方箋があった。ウィトルウィウス〔古代ローマの建築家〕は、まさに処方箋の書物〔『建築十書』〕であり、建物の建造法や列柱の数や比例について正確に教えてくれる（アカデミズムは、建築のそうした構成要素をすこしばかり改良しただけだ）。そこでは、さまざまな類型学を利用して、都市の造り方が述べられ、都市計画の技術などの処方箋があたえられていた。

ところが、突然、テリトリー間の移転がはじまり、あなたがよく知っているとおり、誰もが都市にやってきたので、都市の爆発が起こったが、主として計画という発想にもとづくいくつかの規則を維持することが試みられた。すると、今度はそうした規則がつぎつぎに爆発した。こうして、われわれは都市のビッグバン現象を体験し、気がついてみると、出来合いの処方箋を利用できなくなっていたというわけだ。出来合いの処方箋の秩序、いい変えれば、大文字で書かれるような建築という秩序は、絶対的にばかげたものとなった。この意味では、建築の秩序に属するすべてのことがらに、私は反対する。

　つまり、あの時点（都市のビッグバン）から、われわれは別の戦略のなかに入りこみ、そこでは、以前よりすこしばかり知的であることが要求され（そんなことができればの話だが）、そのたびに（建築に）診断を下すことを強いられてしまった。建築は、もはやひとつの世界を創出する行為ではなく、ただ単に、地球上のあらゆる都市に割り当てられた地層との関連で存在するだけだとみなされてしまった…。建築は、そこに積み重ねられた素材を変換し、変容させることしか、もはや目的にできなくなったのだ。ある種の人びとにとっては、耐えられない事態だ。なぜなら、彼らにとって、そうした事態は建築家の責任放棄のように思えるのだから。

　このような言説を主張する時点から、そのひとは先祖伝来の文化のたぐいに対立するようになり、赤子を産湯と一緒に流してしまうことになりかねない。要するに、こうした思考の枠組みのなかでは、ポジティヴな行動を起こすことができなくなってしまいかねないのだ。もっと先のほうまで進んだ者もいて、その場合には、（個性をもたない）総称（ジェネリック）としての都市に直面することになる。そうなると、なすべきことは何もなくなってしまう。私は、あなたがこの種のアプローチにかなり賛同しているだろうと推測するのだが、私自身はまだ楽天的な心情を維持している…。ごくささいな手探りをつうじて、状況に介入するたびごとに、状況をポジティヴなものにするという倫理を抱けるからだ。そのたびごとに、場所の快楽のようなものを探し求めることができるが、そのためには、以前には考慮されなかったことがら、しばしば偶然の秩序に属しているようなことがらを考慮に入れて、状況の詩学のような価値を高めるための複数の戦略を創造し、完全に偶然的な諸要素を評価してもよいし、「それは美しい。だから、あなたにそれを啓示しよう」などというのは、ある種の地理学的発想であると公言することもできるだろう。

それは啓示の美学であり、世界の一部分を奪い取って、「私はこの部分を横取りして、それを別のやり方で人びとに見えるようにする」というための、ひとつの方法でもある。二十世紀とともに、建築は共通項のない、形而上的な複数の次元と向かい合うことになった。本来的に、建築はそのような次元とすこしも対立してはいない。建築は哲学や諸科学とおなじ状況に置かれているが、いまや成熟の年齢をむかえたのだから、これまでとはちがった戦略を創造しなくてはならないだろう。

この段階では、たしかに、場所に備わっている宿命的な次元や、これから試みられることがらの方向転換を考えに入れておく必要がある。シナリオにしたがって、一定の可能性を評価し、自分がそこでしようとしていることは、自分にもわからない成り行きを約束されていると考える必要がある…。それは、いまなお十のうち九の建築学校で教えていることは正反対の建築なので、反建築的な態度のように見えるかもしれないが、そんなことはない…。あなたが、すこしばかりきついあの言葉を、アプリオリに発したように——「文化に反するすべてのことがらに、私は同意する」。

近代性（モデルニテ）の美学

J・B　あのフレーズでは、美学化という意味での文化が問題だった。私はそうした美学化には反対だ。というのも、いずれにしても、そこで問題なのはある種の喪失であり、作品や創造行為が美学を超越した秘密を明るみに出して、この秘密の対象が失われることだからだ。秘密とは美学的に暴露されるものではない。それは、バルトが写真に関して語ったようなあの「プンクトゥム〔時間軸上の一点としてのディテール〕」〔『明るい部屋』（一九八〇年）〕、つまり写真の秘密のたぐいであり、説明も伝達も不可能な、まったく双方向的でないことがらでもある。そこにあるのは、存在すると同時に不在でもある何ものかだ。この何ものかは、文化のなかで、完全に消えうせ、蒸発してしまっている。文化とは、あらゆることがらが全面的に読解可能であるような状況のことなのだから。

それに、文化が生まれたのは、デュシャンという名のアーティストが小便器のような、ごく単純なオブジェを、あのようにして美術品（オブジェ・ダール）に変換させた時点でのことだった〔『泉』と題して一九一七年のアンデパンダン展に出展〕。デュシャンは出来事をひき起こすために、美的世界に凡庸さを突出させ、美学のなかに不法侵入するために、美的世界を脱美学化して、そこに凡庸さを移し変えて、美学を挫折させた。ところが、逆説的ではあったが、そのことによって、彼はわれわれの時代の特徴である、あの全面的な美学化への道をひらいたのだった。

さらに、私は思うのだが、絵画の領域での、デュシャンによるこの種のアクティング・アウト〔精神分析で、患者が言語による治療の過程を中断させて、行動による自己表現を行うこと（「行動化」）〕、つまり革命ではないとしても、内破（インプロージョン）〔システム内部にシステムが引き起こす破滅的状況〕のような事態に匹敵することがらは、建築の世界に存在したのだろうか？　建築の場合にも、形態の領域でそれ以前と以後の断絶が生じる出来事が存在したのだろうか？　このような出来事は、いずれにしても、ある種の近代性の終わりそのものだ。なぜなら、この場合、近代性とは、そこから先は、すべてがエネルギーとして発想され——それが、社会秩序でも社会的富でも産業等々でも、近代性のパワーとなった——、進歩の観念によって導かれた時代を意味しているからだ。

美術の場合、美術史つまり、とりあえず美術の進歩という観念がそこでは持続していたから、〔絵画の〕抽象化をつうじて、人びとはある種の解放感を抱いた。それは近代性の祝宴だったが、その直後に持続はきっぱりと切断され、突然、内破の過程、つまり美学の崇高な意味が平準化される過程が始まった。その結果、あの秘密という美学が消滅すると、人びとは文化なるものに親しむことになったのだ。

文化

J・B 文化は、いたるところに存在する。どのみち、現在では、文化は産業や技術の同類でもある。文化とは精神的なテクニックであり、すべての美術館のたぐいの建築施設を飾りつける精神のテクノロジーなのだ。

文化といえば、写真に関して、私が心惹かれたこんな話がある…。

バルトが写真について語ったとき(『明るい部屋』)、彼は一枚の写真を頭のなか、メンタリティの内部で出来事にするあの「プンクトゥム」に言及したが、それはまた、写真を何か別のもの、絶対的な特異性に属するもの、特異な関係性の表現にしてしまうものでもあった。彼がいうには、このプンクトゥムこそは写真の中核に位置する非・場所、無、虚無のことであり、それが消滅したあとから、逆に、写真の美術館の建設が始まったのだ。バルトによれば、写真の中核、写真そのもののうちに存在するこの死は、写真の象徴的なパワーそのものであり、それが消滅して、モニュメントや美術館のかたちをとったのだが、そうなると今度は、死が硬い物質のかたちを受け取ることになった。

この物語には、文化という操作が存在しているが、この操作は、もちろん私が同意できないものであり、あきらかに、いかなる譲歩も妥協も認めはしない。

われわれはこの種の文化の、無制限で、どこにでも転移する発展に捕らえられ、この文化は建築全体をもひろく包囲している。とはいえ、建築の場合、どの程度までそのことを判断できるだろうか？　今日、同一の建物のなかで、いったいどの部分があの秘密、あの特異性の領域に属しているのかを見わけることはじつに困難だ。この種の特異性がほんとうに消滅したとは、私は思っていない。それは破壊不能な形態ではあるが、文化によってますます食い尽くされている。

それでは、自発的で自覚的な抵抗は可能なのだろうか？　そうだ、誰にでも抵抗は可能だと私は思うのだが、この問題が政治化するのはむずかしいし、〔特異性の側からの文化に対する〕こうした抵抗のための政治的、社会的組織が存在し得るとも思えない。抵抗はつねに例外的であり、君がやっていることはいつでも、この意味で「例外的」だ。

ひとつの作品、それはひとつの特異性であり、すべての特異性は、普遍的で転移性の文化のまんなかに、穴とすき間と空虚をつくりだすことができる。とはいえ、そうした特異性が合体し、連合して、別の権力を包囲攻略するような反権力を形成するとは考えられない。それはあり得ないことだ。われわれはおそらく、やって来るかもしれないアポカリプスの日まで、文化という秩序にどっぷりと浸かっているのだから。

すべてはおなじコンセプトのもとに集めることができる。ある意味で、経済もまた、それが現在取っている形態のもとでは完全に中心を失い、もはや経済的な現実原則とは無関係な、純粋な投機と化している。投機という空虚さのなかで終わりを告げる経済もまた、ひとつの美学ではある。

さて、ヴァルター・ベンヤミンは、すでにこの種の分析を政治の分野でおこなっていた。この意味で、われわれはあらゆる行動とあらゆる構造の美学化に立ち会っている。美学化とは現実に属する問題ではなくて、逆に、事物が価値となること、価値に対置される形態そのもののゲームとなるかわりに、価値を受け取ることを意味する。形態のゲームのほうは理解を超えたもので、そこに最終的な意味を付与することはできない。ゲームとゲームの規則は別のものなのだから。

普遍化された美学化の場合、形態は衰弱して価値となるが、（美学や文化などの）価値のほうはかぎりなく取引可能であり、誰もがそこに自分の利益を見つけることができる。けれども、価値と等価性の領域では、あらゆる特異性は全面的に抑圧されてしまう。いまや人びとはこの領域に入りこんだと私は思う。そこからは何も逃れられないとはいえ、それでもなお、特異性はおそらくしばしば怪物的な形態を取って、姿を現すことがあり得るだろう。たとえば、君が語ったあの「怪物」の形態だ。

私が関心を抱いてきたのは、怪物のかたちを取った建築だ。つまり、どこか別の場所から、何らかの方法で都市に投げこまれた怪物という物体としての建築であり、私はこの種の怪物的な性格を評価してきた。最初の怪物はボーブールだった。この建築については、文化的な描写が可能であり、ボーブールをあの全面的な「カルチュラリゼーション〈文化を大衆に強制するプロセス〉」の綜合としてみなすことができるが、〈怪物というのは〉それとは正反対の意味なのだ。いずれにしても、ボーブールというオブジェはわれわれの歴史の特異な出来事であり、ひとつの怪物といえるが、怪物とは、ただ怪物であるというだけで、ほかの何ものも提示してはいない。その意味で、それは特異性のひとつの形態となっている。

こうした物体＝対象は、建築であれ、別のものであれ、プログラム化から、君のような建築家がそれらにあたえた計画性からのがれた存在ではある…。この種のメタモルフォーズは、個人レヴェルの特異な直観から生じることもあれば、誰が望んだわけでもないような相乗効果の結果として生じることもある。どちらの場合でも、この怪物的オブジェは〈建築でも、それ以外でも〉あの文化という制度に風穴を開けることになるだろう。

建築という英雄的行為？

J・N 建築の世界には、なぜデュシャンの等価物が存在しないのだろうか？ それは、建築が単独では、なし得ない行為だからだ。スキャンダラスで直接的な行為が、そのまま受け入れられるような建築家は存在しない。建築家たちはこの種の限界と衝突することを試みてきた――それが、ポストモダンの出発点だったのだ。ヴェントゥーリ〈ロバート。アメリカのポストモダニズムの建築家、ミースの「レス・イズ・モア」を批判して「レス・イズ・ボア（退屈）」と主張した〉は、ある意味で、この衝突を企ててきた。彼はごく単純な、ずっと前から存在していたかのような建物を例に取っている。フィラデルフィア郊外の「ベーシック」な建物で、およそ目立たない、無意味な場所にあって、レンガとごく普通の窓などからなる建築だが、彼はこういったものだ。「これこそが、今日つくられるべき建築だ」。ヴェントゥーリがしたことは、ひとつの主張の表現そのものだが、それは建築という英雄的行為に対抗する主張で、ダダの革命〈ダダの創始者ツァラは一九一八年に「ダダは何も意味しない！」と叫んだ〉の「弱気な」応用としての、嘲りの形態をともなっていた（リヒター〈アメリカの地震学者〉の震度〈一〜九〉では一か二程度で、デュシャンは七だった）。

とはいえ、この方向からなされた〈建築の〉すべての試みは痛ましい挫折に終わった。オブジェとの距離を取ることができなかったからだ。デュシャンの『泉』が、美術館陳列品目録的な空間のなかではあり得ないのは、それを分類することが可能だとは思えないからだ。「泉」の場合には、距離を置いた読解の諸条件が必要だが、それは建築には存在しないものだ。結局、この種の完璧な凡庸化の行為〈自転車の車輪や空瓶掛けなどの既製品を「作品」化して展示した、デュシャンの「レディ・メイド」のこと〉は、作品を支配する側の意思をつうじてなされるといえるだろう。ただ、問題なのは、凡庸化の行為は、それが反復されると無意味になってしまうことだ。そうなれば、もはや現実そのものも、行為の読解も可能ではないから、その場合には、建築という行為の全面的消滅にたどりつくほかはない。

J・B デュシャンの行為も無意味なものになった。つまり、彼自身が、無意味であることを望んだのだ。彼の行為は無意味さを求めたが、そのうえ、反復をつうじて、彼の意に反するかたちで再び無意味になった。あらゆるデュシャン的副産物がそうだ。もっとも、デュシャン本人は出来事であり、ただ一人だけの特異な存在で、はかなく去っていった。そのあとには、芸術の分野で、一連のまがいものが続いた。あのときから、あらゆる過ぎ去った形態が復活する道がひらけた。お望みなら、それをポストモダニズムと呼んでもよい。といっても、その時点で一時的に存在しただけだが。

芸術、建築、ポストモダン

J・N それでは、現代芸術をめぐるあの議論、つまり〔現代芸術は〕「ゼロの三倍もゼロ」〔ボードリヤールが、一九九六年五月二十日の『リベラシオン』紙に掲載された論考「芸術の陰謀」で、現代芸術は「ニュル（＝ゼロ）」だと三回繰り返したこと〕というあなたの主張は、建築にも拡大して適用できるものだろうか？

J・B　それは、君のほうに聞きたいくらいだ。

J・N　私がいいたいのは、芸術や建築のなかには、極限の探求と破壊の快楽が存在するということだ。それに、あなたはポジティヴであり得ることがらとして、破壊の概念について語っていた。あの極限の探求、無の、ほとんど無の探求は、肯定性の探求の内部でなされている。つまり、〔どちらの場合でも〕何ものかの本質の探求が問題なのだ。この本質の探求は、知覚の限界の領域と可視性の退却の領域に属する限界にたどりつく。快楽を享受するのは、もはや眼ではなくて精神なのだ。

　白い背景の上の白い正方形、それは極限のかたちだ。ジェームズ・タレル〔現代アメリカのアーティスト、空間に光線を照射する「感覚的環境」を提案〕は極限のかたちだ。それがゼロだろうか？　ジェームズ・タレルとともに、あなたはひとつの空間にたどりつき、モノクロームを手に入れる。それは、クライン〔クライン・ブルーで知られる〕と比べれば、一歩先に進んだことにならないだろうか？　そのために、あなた自身が魅了されているのではないだろうか？　そこには何もないことを、あなたは知っているし、そこには何もないことを、あなたは感じていて、そこに手をとおしてみることさえできる。そして、あなたはオブジェ（物体＝対象）のある種の魅惑を手に入れる。というのも、それが何ものかの本質だからだ。

タレルは、彼のゲームの鍵をわれわれにあたえてしまうと、ブルーの正方形でおなじことをして、楽しむ。彼は現在、火山の噴火口をこしらえている。噴火口の下のほうに寝転ぶと、宇宙空間に完璧な円環が描かれているのが見えるのだ。

したがって、こうした着想はすべて、無の極限を探求する試みにもとづいている。あなたが、ヴェネツィア・ビエンナーレを見たあとで、この種の無の探求が無内容なゼロにつうじていることを確認したとしても、その批判的判断の八〇パーセントは、私にも共有できるものだ。どのみち、美術史はつねに、多くのマイナーな作品によってつくられてきたのだから。

J・B 結局、無の探求だが…、それはこの無が存在や価値、さらには価値の対極である過剰な価値をもつことを望むような美学化された事態とは正反対のものだ――無を横取りする美術市場についてはいうまでもない。ある意味で、まさに逆のやり方なのだ…。デュシャンの行為は、事物を無意味さに還元することであって、そのあとに起こったことは彼の責任ではない。したがって、デュシャン以後のすべてのアーティストたちが、この「無」を横取りしたこと、あるいは無をつうじて凡庸さや不要なもの、そしてついに現実という この世界を横取りしたこと、そして、彼らが世界の凡庸な現実を美的オブジェに変貌させたことは、彼ら自身の選択の問題であり、この意味で、それは価値ゼロともいえる。だが、その場合すこしやっかいなのは、私としてはむしろ、価値ゼロの「無」にアウラを付与したい気分だということだ。

こういってよければ、無とはまさに美学化されない何ものかであり、一切の美学化に何らかの方法で還元されないものなのだ。価値ゼロの無のあらゆる戦略はとても巧妙に仕組まれているので、私はこの戦略にむしろ立ち向かいたくなってくる。ウォーホル〔『透きとおった悪』参照〕と、彼とおなじことをしている他の人びと——といっても、じつはおなじことではないが——とのちがいは、ウォーホルがあるイメージをとらえて、それを、いわば無に還元する〔=何ものにも還元しない〕という事実のうちに存在している。技術的媒体〔シルクスクリーン等の複製装置〕が、イメージそれ自体の無意味さ、非客観性、幻想を暴露するために役立っているわけだ。

ところが、他のアーティストやクリエーターたちは、美学をリメイクするために技術を横取りする。あらゆるテクノロジー等々の媒体をつうじて、科学そのものと科学によるイメージをつうじて、彼らは美学を再生産する。つまり、ウォーホルにできたことの正反対のことをして、彼らは技術を再=美学化する。だが、ウォーホルは技術がラディカルな幻想であることを、まさに技術をつうじて暴露する。

ここで、価値ゼロという表現は両義的であり、最良の場合も最悪の場合もあり得るだろう。私は、ゼロという言葉に大きな重要性をあたえている。ゼロとは無の意味であり、消滅の技法にたどりついた場合には、それは真の意味での芸術の課題となるだろう。他方、われわれが眼で見るために——じつは、見るべきものなど何もないのだが——提供されている大半のものを操作するあらゆる戦略は、まさに、ゼロをスペクタクルや美学や市場価値に転換するために役立っている。この転換は、ある種の全面的無意識、文化そのものである美学化という集合的徴候のなかでなされるのだ。すべてがおなじ領域に属しているとはいえないが、例外は一時的にしか現れない。私にとっては、デュシャンがそうだったし、ウォーホルもそうだ。フランシス・ベーコンのような、別の種類の特異性も存在する。もっとも、アーティストの名前が問題なわけではないのだが…。

単純なことだが、価値と美学が飽和状態に達したこの世界で、われわれの情緒を動揺させるのは、時間軸上の点のような出来事にすぎないだろう。その瞬間から、美術史はもはや存在しなくなる。美術自体がその歴史を逆行し——それも価値ゼロの一側面だ——、それ自体の歴史のなかで力尽きてしまい、その結果、あらゆる形態をよみがえらせる。

それは、政治が他の多くの分野でおこなっていることで、ことがらが後方に進みはじめるという意味で、反復の果てしない段階でもある。この段階では、流行のモードや美学に関連して、過去のあらゆる作品や様式やテクニックを再現させることが可能だ。そこで、人びとは終わりのないリサイクルの過程に入りこむのだから。

J・N 二十世紀は美術が充満しすぎた時代だったとは考えられないだろうか？ というのも、二十世紀には、独自の形態の場面を分離することに成功したあらゆるアーティストが大アーティストになったのではなかっただろうか？ それには、たとえば一枚の紙の上に灰をすこしばかりのせてみればじゅうぶんだ。おそらく、灰と対比できる何かで試みてもよいだろう。それを状況にあわせて配置し、離れたところから見れば、概念があたえられるのだ…。独自の領域を見いだしたアーティストは、彼ら自身が目印であり、識別可能なアーティストであり、商品価値にもなった。

二十世紀は巨大な探検の時代だった。現実世界の探検、感覚世界（センセーション）の探検、センセーションを探し求めて、われわれのまわりに存在するあらゆるものを探検したのだ。成功者もいれば、失敗者もいた。その点に関しては、コンセプチュアル・アートの方向性が錯綜している。ローレンス・ワイナー〔文字群を壁や建物にプリントするコンセプチュアル・アーティスト〕が、あるフレーズを、それにふれることなしに空間に配置するとき、フレーズと空間との関係のなかですべてが生じる。それ自体はたいしたことではないが、独自の場となっている。

こうした巨大な探検の過程を体験したあとでは、誰もが自分の価値の体系を見つけることが可能だ。人びとは出来事や事実や流行（モード）や相互作用を体験してきた。その途中で、あるときはアルテ・ポヴェラ〔G・ツュランが提唱した一九六〇年代イタリアの芸術運動で、あらゆる制約からの芸術の解放を主張〕、あるときはポップ・アート、あるときはコンセプチュアル・アートというように、関心の中心もまた移動したものだ…。

けれども、これらの探検は、すべてはるか遠くのほうに押しやられてしまい、いまでは、誰もが自分で刈り取れるだけの成果を探し求めている。こうした探検全体が「ゼロ」の一部なのだろうか?

J・B 結局、段階的ではないが、美術の分析的な側面を深めるような美術史が、おそらく存在するだろう。そして、あらゆる抽象は、可視的世界とオブジェ（物体＝対象）をその微小な諸要素に還元することになる。それは、社会科学で事象の分析的真実を探求する場合とまったくおなじように、基礎的幾何学へと立ちもどる方法でもある。まったくおなじやり方で、われわれは外観の〔可視的〕明証性から事物の〔微小な要素の〕基礎的なフラクタル性へと移行したのだった。いまのは抽象の話だが、この探求をまっすぐにたどっていけば、別の次元にたどりつく。それはもはや外観そのものと外観の戦略の次元ではなくて、オブジェ（物体＝対象）と世界の深められた分析的認識に焦点をあわせた要請の次元だが、その結果、感覚的な関係はある意味で終わりを告げる。感覚世界の廃絶にはちがいないが、それもひとつの探求であるということには同意してもよい。

ここまでたどりつくと、もう最終段階のようなものだ…。〔外観の〕明証性や知覚が人工的に再構築されるだろうが、致命的で決定的なのは、抽象の作用だ。そのあとは、ある意味で、われわれはもはや形態の世界にはいられなくなり、ミクロの世界へと移行する。

この点で、アートはフラクタルや幾何学の世界にますます深入りして、科学上の発見を先取りさえしてきた。もっとも、あらゆる知覚やあらゆる感受性が消滅したというわけではない。誰にとっても、どんなオブジェにとっても、あのプンクトゥムのような何かと、特異な、だが美学的ではない関係を結ぶこと、制御されない関係を結ぶことは、いつでも可能だ。誰でも、この種の何かを再発見できるだろう…。いわゆる美学的な媒介作用は、もはや必要ではない。アーティストとは、特異性を横取りし、市場やその他の多くのことがらをつうじて、特異性を相互作用として再利用するために、特異性の領域を開発する存在なのだ。

とはいえ、〔アーティストばかりでなく〕どのような個人と、どのようなオブジェ――価値ゼロであっても――との決闘的な関係も、特異なものになり得る。関係にふくまれるあらゆるパワーを再発見すればよいのだ。パワーが失われたとは、私は思わないし、その意味で、それは感覚世界や宿命の問題ではない。つまり、決闘的な関係とは、〔パワーの問題ではなく〕事物や外観との宿命的な関係のことであり、われわれはこの関係を再発見することができる。再び見いだされたこの種の関係は、現在では、美学や芸術等々と対立するものであるだろう。

おなじようにして、社会の他の領域でも、他者性〔主体対客体の関係に包摂されない、異物としての他者の性質〕のうちに、決闘的関係を再発見することができるが、それは政治や経済をつうじてなされるわけではない。政治や経済はすでにその役割と歴史を終えた。われわれがたどりついた別の世界では、そうした媒介的な構造は、あるいはかつて市場を独占してきたが、その場合には、破壊されなくてはならないし、あるいはすでに自滅してしまったかもしれない。「芸術はゼロだ」というとき、私がいいたいのはそのことなのだ…。

眼の欺瞞、精神の欺瞞

J・N　あなたは、精神に失望させられるのとおなじくらい、眼に失望させられはしないだろうか？　あなたのテクストを読むと、あなたは眼が見えなくなるより耳が聞こえなくなるほうが、どれほど好ましいか、あなたにとって、眼がどれほど重要なものかを説明している。ところが、逆説的になるが、あなたはある種の空虚感や消滅に関心を抱いているような印象を受ける。あなたが芸術品には空虚さが漂うと考えるのは、なによりも、あの覗き見的で観察者的な側面との関連ではないだろうか？　ライマン（ロバート。アメリカのミニマルアートを代表する画家の一人）やラインハルト（アド。アメリカの抽象画家、ミニマルアートの先駆者）は、知的な面であなたを失望させる前に、すでに感覚的な面であなたを失望させたのではなかっただろうか？

J・B　たしかに、君のいうとおりだが、それとは別の原則から出発して、イメージとテクスト、エクリチュールと視覚的世界の間に何らかの関係があり得ると、私が考えていないことは事実だ。そこに親近性があるとしても、その親近性は知覚よりもっと秘密のネットワークをつうじて存在するだろうし、われわれがいつもそうしているような、偶然的な照応関係をつうじてのことだろう。イメージとテクストは二つの特異な音域のようなものであり、どちらの側にも特異性を保存しなくてはならない。イメージにもテクストにも、おなじことが起こるかもしれないし、形態の戯れがどちらの側にも生じるかもしれないが、だからといって、両者が相関関係に置かれることはない。私の場合、イメージの側には何かしら幻想上の要素が残る。どのようなイメージも、未知で未統制の、幻想的な何かを保存してきたのだし、これからも、こうした性格を維持してほしいと思っている。

ところで、現在では、イメージは美学化されたうえに、ますますヴァーチャル化されているようだ。テレビはイメージとは逆の存在であり、そこにはイメージはもはや存在しない。たしかに、私は視覚に失望させられることがあり、絵画もまったくおなじ効果をもたらす。私にとって、それはたしかに技術的にも精神的にも、デジタルなイメージの合成なのだが、そうなるともはやイメージとはいえない。

けれども、イメージの、野性状態の原光景を再創造する可能性は、まだ残されている。文字どおりの意味で無から出発すれば、どのような直観も、イメージを再創造することが可能だ。イメージの、このプンクトゥム、この秘密を、私自身は、たとえば写真のなかに時おり再発見する。だから、すこしも絶望することはないが、われわれをとりまく文脈上（コンテクスチュエル）の世界に関する失望、いたるところでわれわれを侵略するイメージに関する失望は、たしかに実感している。

J・N　私自身の抱いている印象は、まさに、建築にも「ゼロ、ゼロ、ゼロ」の事態が存在するということだ！　それはたしかに圧倒的な事実ではある。しかし、逆説的だが、おそらく逆の基準にしたがえば、価値ゼロの現代建築の四分の三を特徴づけているのは「ピトレスク〔絵画的美しさ〕」だということになる。あるいは、感覚と感受性を奪われたモデルの延長といってもよい。現代建築の悲劇のひとつは、モデル化とクローン化だ。しばしば、手のほどこしようもないほど、事態は絶望的になっている。都市の地理的条件の問題だけでなく、人間関係や発注者との関係、財政的関係など、すべてが絶望的なのだ。国家資格をもつ建築家たちはこの種の現実とぶつかっている。この点で、私はジャッド〔ドナルド。アメリカのミニマル・アーティスト、箱や管のような立体を制作〕がいったことを思い出す。「エルパソの電話帳を調べたことがある。そこには二千五百人の建築家が載っていたが、エルパソでは、建築にはついにお目にかからなかったよ！」

多くの建築家たちは、今日、雑誌や企業家や顧客が提供するモデルを借用しているが、その場合、アプリオリに安心できる一定の数のパラメーターを見つけておく必要がある。というのも、建築をつくるのは、それが目に見えるようにするためであると同時に、世間的に波風を立てないためでもあるからだ。ところが、今日つくられている建築の大部分は、あなたがかつてニューヨークについて述べたように、単純明快な基準や、自発的でラディカルな基準にもとづいてつくられているわけではない。それは、場合によっては、オブジェのコラージュともいえるが、いずれにしても、設計する側にも、注文する側にも、建造する側にも、いちばん問題を起こさないオブジェなのだ。そして、この三つの側の理由で、建築はまさにゼロ、ゼロ、ゼロとなる。だから、別の何かを探さなくてはならない。

おそらく、建築が探し求めているのは、ポール・ヴィリリオが注意をうながしたあの消滅の美学〔一九八九年の著作の題名〕なのかもしれないが、それは、かならずしもヴィリリオのいうような、人間ではなくて情報が流通する、ヴァーチャルで情報化された空間の意味においてではない。というのも、そこではすべてのオブジェが意味を完全に失っている以上、ヴァーチャルな空間ではあり得ないからだ。このことは、現在建てられているすべての建築の大きな特徴であり、逆説的なのは、もっとも詩的なことがらが、社会的平面では、もっとも劇的であるということだ。いちばん正統的で、いちばん真実である事物〔建築〕は、むしろ南〔途上国〕の都市で見いだされるが、そこでは、都市が必要に迫られてつくられるばかりでなく、とても生き生きした文化に結びついてつくられている。それは、したがって、もはやパラシュートで降りてきたような、建築のしきたりに対応してはいるが非正統的なオブジェではない。価値ゼロの建築という問題は、すくなくとも芸術の領域とおなじ深刻さをともなってはいるが、その根拠はあきらかに異なっているのだ。

消滅の美学

J・B　いうまでもなく、消滅の美学については、用語の理解を共有しておく必要があるだろう…。たしかに、消滅の方法は無数に存在しているが、すくなくともここでは、絶滅としての消滅――ポール・ヴィリリオの考察の核心――と「ネットワーク」のなかの消滅（すべての現代人にかかわるテーマであり、むしろ蒸発とでもいえる）を対比することができる。

私のいう意味での消滅とは、価値ゼロの概念あるいは対話の冒頭でふれた無の概念をともなうもので、ある形態が別の形態のなかで消滅するという事象のことであり、それはメタモルフォーズの形態となる。つまり、出現＝消滅の過程だ。そこには、〔先に対比した〕消滅とはまったく異質なゲームが存在している。それは、誰もが別の何かのクローンや転移形態となるようなネットワーク中での消滅ではなくて、さまざまな形態が入れ子状になった連鎖であり、そこでは、誰もが消滅しなくてはならないし、すべてが自己の消滅を内包しているのだ。すべては、消滅の技法〔ボードリヤールの写真集の題名でもある〕のなかに存在している。

残念ながら、この状況を表す単語は、ほとんどひとつしかない〔「消滅」が多義的だということ〕。「価値ゼロ」についてもおなじことがいえる――ひとつの言葉を複数の意味で用いることができるのだ。「無」の場合もそうだ。状況はどうであれ、われわれはもはや真の意味で明確にし得ない言説の領域に入りこんでいる。そうなれば、またゲームを演じるほかはない。そのことが強いられているのだ。

近代性のイメージ

J・N　あなたはいまでも、近代性についてポジティヴな選択をしているのだろうか？

J・B　そんな選択を、私がこれまでにしたことがあっただろうか？

J・N　じつは、一度あるのだ。おそらく、あなたを驚かせることになるが、あなた自身が述べた言葉を、私はたしかに押さえてある。それはすこしもニヒリスト的ではなくて、かなりオプティミスト的な発想だった。というのも、あなたは近代性について「安楽〔物質的快適さ〕の行動主義」と述べたのだ。

J・B　君はいつも前世のことを語っているように思えるね、すばらしいことだ！…安楽とは、おそらく古い概念であり、いまでは、人びとは〔物質的〕幸福の彼方へ移行したと考えられる〔実現されたユートピアとしての消費社会（『消費社会の神話と構造』）〕。じっさい、欲求やモノ〔＝オブジェ〕といったあらゆることがらの間に一貫性を見いだすことは、もはや問題ではない…。そうしたことがらに、建築のある種の概念が依存していたことはたしかだが。したがって、いまや人びとは「価値ゼロ」と化した。といっても、さまざまなネットワークのなかで消滅しているという意味だ。自分たちが幸福かどうかなどという問題は、もはや提起されない。ネットワークのなかでは、誰もが流れ作業のラインの上に乗っているだけだ。人びとは一方の端末から他方の端末へと移行するという意味では「移送されて（トランスポルテ）〔「熱中」の意もある〕」いるが、だからといって、かならずしも幸福であるわけではない。

幸福の問題は、自由や責任の問題のように、近代性の問題、近代性の理想という問題だが、こうした問題はすべて、もはや現実的な意味で提起されることはあり得ない（いずれにしても、回答があたえられることはない）。この意味で、私はもはや近代派ではない。こうしたパースペクティヴのもとで、最大限の蓄積と事物の最大化を主観的に（近代的個人の主観でも、集団の主観でもよい）保障するものとして近代性を発想するとしたら、近代性は、みずから提案した目的を乗り越えてしまった。近代性は、おそらくすこしも失敗したわけではなかった。それどころか、成功しすぎたのだ。近代性はその目的の彼方にわれわれを力強く押し出したのだった…。そして、近代性がかつて提起した問題は、いまや失われたオブジェ〔＝遺失物〕の領域に落下してしまった。

可視性の生物学

J・N　建築の場合、近代性の概念はじつにあいまいだ。それは、歴史的諸概念に結びついているからだが、近代性（モデルニテ）とは本来生命あるものなのだ〔「現代性」の意もある〕。そして、今日では、モデルニテは本質的に消滅の美学の諸形態と関連している。たとえば、〔ボードリヤールのテクストに〕「現実のあらゆる事物はまさに消滅しようとしている。そのことしか求めていないのだ」とあるが、建築の領域、あるいはもっと広い意味で、建築以上のデザインの領域で、人びとは「サクリファイス〔＝供犠〕」の美学の段階に入りこんでいる。可視性のサクリファイスといってもよいだろう。私には、極小化〔ミニチュア化〕の過程と、ますます増大する物質の支配をつうじていったいどこまで行き着くのか、わからないほどだ。そして、物質自体は、ますますそのいちばん単純な表現へと還元されてゆく。

コンピューターのようなオブジェの場合、このことはあきらかな事実であり、コンピューターは驚異的な状態をとって極小化されている。たとえば、かつてのテレビのブラウン管にくらべれば、モニターのスクリーンはやがて煙草の葉ほどの薄さになろうとしている。人びとは事態がどのようにして生じるのかを、もはや理解しようとは思いもしない。結果さえ見えればよいのだ。もはや結果しか残りはしない。何かに成功したとき、残るのは行為の結果だけで、そこに到達する手段は消滅し、関心を失う。

二十世紀が近代性という鏡に自分の姿を映し、モーターの内部の図面やねじを見て熱狂したとしても、いまでは、そんな時代は終わった。モーターの内部はもうわれわれの興味を引かない。結果が見たいだけなのだ。この種の状況には、奇跡にも似た不安を誘うかたちが存在している。

J・B　君は、人びとが遺伝子コードの中核さえものぞきに行ったり、遺伝子を解読したりしようとしていることを忘れている。この種の要素さえ眼に見えるようにしたいのだから、それはもうメカニズムに属することがらではない。生物学の研究だろうと、遺伝学の研究だろうと、結局、人びとが求める幻覚はおなじものだ…。それが近代性の到達点なのか、それとも近代性の異常増殖なのかは、何ともいえない。おそらく、事物の分析的中核のほうへ、さらに奥深く進んでゆくこと、つまり、一定の時点では完全に不可視の粒子にいたるまで、物質そのものの内奥を暴露しようと望むことによって、われわれはたしかに、非物質性のほうへ、どのみち表象不能な粒子や分子などのようなもののほうへ導かれる。

生物学の領域の話でも、われわれにとっては事実上ほとんどおなじことで、この種のミクロ分析やフラクタル化が、人間の秩序のなかに置き換えられるだけだ…。ある意味では、近代性自体がそのいちばん単純な要素に還元されて、究極的には、不可視なものの代数学にたどりつくだろう。

J・N …その複雑性は、本質的なパラダイムのひとつだ。

J・B こうした要素は、それらが感知不能であるという意味で「他の場所＝外部(アイユール)」に位置している。それらはもはや知覚や表象の領域には属していない。しかし、それらの要素は、そのような領域の外部からやってくるだろうという意味で、そして、決闘のかたちをあたえなくてはならないような、真に異なる形態を表象しているという意味での「外部」とはいえない。もし外部からやってきた存在がその姿を現したとしたら、〔内部と外部との〕相互作用のゲームが再び可能になるだろう。だが、コードや遺伝学や単純な要素などのレヴェルでは、ゲームは不可能だ。もはやゲームは存在しない。たしかに無限の組み合わせが存在しており、その延長の果てにむかって進むことができるとはいえ、それは絶望への前進ではない。むしろ、その反対だ！　この種の現実がお返しにわれわれに提供するイメージに対しては、集合的な幻惑さえもが存在している。けれども、幸福や自由といった何かの観念が最終的に存在するとは、もはや断言はできない。それらの観念は消滅して、あの分析的な探求のなかで蒸発してしまったとすれば、それこそは近代性の終わりではないだろうか？

新たな快楽主義？

J・N　事物の状況については、もっと楽天的な見解をもつこともできるだろう…とりわけ、われわれが物質を支配し、物質をつうじて、実践的な諸問題、快楽のさまざまなかたちに結びついた諸問題の解決が可能になった時点からは、そういえるだろう。もっとも、最初の快楽は過剰によって倒錯的なものになったかもしれないが…。携帯電話が良い例だ。世界のどの地点からでも、あなたは地球全体を呼び出すことができるのだ。技術の発展のおなじような例では、ガラスのコップに力を加えて透明にしたり、不透明にしたりできるし、コップに触れるだけで、手が温かくなるのを感じることができる。すべては、厚さ数ミリの表面で起こっていることだ…。こうした技術革新は、新しい感覚の働きとある種の物質的快適さの方向に向かっている。つまり、新しい快楽の方向だが、そのこと自体は、たぶんそれほど絶望的ではない！

J・B 私は、絶望について語ったわけではない。ただ、そうしたことがらには、不思議な魅力や魅惑が存在することを確認したまでだ…。魅惑とは幸福の一種なのだろうか？私はそう思いたいが、いずれにしても、それは誘惑の幸福とは別のものだ。この〔絶望の〕方向に向かってわれわれをますます遠くへと押し進める、めまいのような感覚が存在することはあきらかで、われわれは皆この動きに集合的に参加している。ただ、この探索の果てに、まったく壊滅的な過程がひき起こされはしないかどうか、見とどけなくてはならない。

生物学的レヴェルであっても、超ミクロの方向に進んだときには、結局、ウイルスの動きをひき起こすことになった。ウイルス自体はもともとそこにいたのだろうが、それを再活性化して出現させたのは、われわれのほうだ。われわれがウイルスを発見したとはいえ、ウイルスもまたわれわれを発見したのだ。おそらく宿命的な可逆性〔客体の主体に対する逆襲〕をもたらすような排気ガスの爆発(バックファイヤー)の、あらゆる過程が存在している。われわれはもはや主人ではない。私はここで預言者を演じているわけではないが、この種の分析的な前進が世界のいっそうの支配やさらに多くの幸福へとわれわれを導くなどと考えてはならない。その反対に、科学による現実の支配がますます小さくなっていることを、科学自身が認めているのだし、究極的には、対象（物体＝オブジェ）はもはや存在しなくなり、消滅するかもしれないのだ。

いったいどこに対象を探しに行けばよいだろうか？　啓蒙（リュミエール〔光〕）という観念的な対象についても、おなじことがいえる。つまり進歩、人権等々の観念のことだ…。かつて、われわれはそうした対象をもっていたが、現在でも失われたわけではない。それは、いまだにノスタルジックなヴィジョンではある。ただ、世界の最新の現実のなかに押しこもうとしたとき、この対象は解体され、分散してしまったのだ。それは、いまではもう存在しない。消滅し、立ち去ったのだ。おそらく、言葉の悪い意味で宿命的なかたちをとって、もどってくるかもしれないが、それは誰にもわからないことだ…。

今日では、指数関数的に進行するあらゆるネガティヴな過程の引き金が引かれてしまった。ネガティヴな過程は、ポジティヴな過程よりはるかに急速に進行することがわかっているのだが、それでは、この種の過程は今後どうなってゆくのだろうか？　いずれにしても、状況の総決算をしなくてはならないとしたら、それはまったくあいまいな結果をもたらすだけだろう。それこそは、まさに近代性の終わりだ。それでもなお、近代性はポジティヴな方向が可能であり、否定性は肯定性の奥深くでますます抑圧されるだろうと考えているとすれば、そんな近代性をあてにしているかぎり、人びとはまだ近代性の延長上に位置している。これまで探し求めてきたすべてのことがらが、あいまいで、両義的で、可逆的で、偶然的なものとなる時点から、近代性は終わりを告げる——それは、政治の領域にもあてはまることだ。

Jean Baudrillard

第二の対話

Jean Nouvel

建築の真実について…

J・B　建築に関する真実について、語ることができるだろうか？　それはできないことだ。すくなくとも、建築が真実を当面の目標や合目的性とするという意味では。そこにあるのは、建築自体が語りたいこと、達成したり、意味したりしようとしていることにすぎない…。建築のラディカルさとは、いったい何だろうか？　そうだ、むしろこの問いのほうへ、建築に関する真実という問題を導くことができるかもしれない。この真実〔ラディカルさ〕とは、建築がそれを告げようとことさら望むことなく、〔結果として〕到達しようとしているものであり、意図しないラディカルさの一形態となる。別のいい方をすれば、それは、建築の利用者が建築に対してしていることであり、建築の利用という背景のもとで、つまりコントロール不能な行為者の支配のもとで、建築が受け取る形態なのだ。

こう考えると、私は建築に関することがらのもうひとつの側面を規定しないわけにはいかない。それはリテラリテ〔恣意的な解釈を排した、文字どおりの解釈〕という側面だ。私から見ると、リテラリテが意味しているのは、技術の進歩や社会的・歴史的発展の彼方で、現実に起こった出来事としての建築というオブジェ（＝対象）が、全面的に解釈されたり、説明されたりすることはありそうにないという事態なのだ。建築というオブジェは、状況を文字どおりに語っている。そこでは、網羅的解釈はあり得ない。

文字どおりとは、いったい何のことだろうか？　ここで、再びボーブールの例を取り上げよう。さて、ボーブールは、何を語っているのだろうか？　文化、コミュニケーション？　そうは思わない。ボーブールが語っているのは、〈記号の〉フローとストックと再配分についてであり、それはピアノとロジャースの建築が文字どおり語っていることなのだ。ボーブールが文字どおり語っていることは、それが担っていると思われているメッセージとはほとんど反対のことだ。ボーブールが表象しているのは、文化そのものであると同時に、文化の死をもたらし、文化を屈服させた事態、つまり記号の混乱（コンフュジオン）と過剰な融解（シュルフュジオン）と注入（ペルフュジオン）等々なのだ。ボーブールの建築が表現しているのは、まさにこの内部矛盾であり、それを私は「リテラリテ」と名づける。

おなじように、世界貿易センターのツインタワーは、ニューヨークという都市の精神を垂直性という、そのもっともラディカルな形態において、単独で表現している――あの二つの塔はまるでパンチカードのようだ〈前出〉。世界貿易センターは、それ自体が都市そのものであると同時に、歴史的、象徴的形態としての都市を清算したもの、つまり反復とクローン化の操作でもある。双子の塔はたがいのクローンとなっているのだから。

それは都市の終わりを意味するが、じつに美しい終わりでもある。あの建築は、終末と終末の達成というふたつのことを語っているが、象徴的でも、現実的でもあるこの究極性（フィナリテ）は、建築家の意図そのものが体現していたプロジェクトや建築的オブジェの当初の規定をはるかに超えたところに位置している——それは文字どおりに語られていることなのだ。

再びボーブールの側をめぐって

J・N　ボーブールが、文化を意味づけることをほんとうに望んだのかどうか、と問い直してもよいだろう…。建築の世界の内側からボーブールとは何だったかと考えてみるとき、それがアーキグラム〔一九六〇年代イギリスの建築家集団（六名で構成）〕の都市＝機械の理論を具体化した最初の試みのひとつだったことがわかる。ボーブールとは、いわば、機能主義的理論の到達点なのだが、この理論によれば、建築は建物の真実を表現すべきであって、ある種のハイパー真実〔真実についての真実というメタ言語性をもつ真実〕となる。

というのも、あの建物の骨組みや内臓や神経系は外から読み取れるものであり、すべてが外部の視線にさらされている。あれ以上の露出は、その後も試みられていないほどだ。イギリスのハイテク技術は、一九七〇年代にあの頂点に到達したわけだが、この種の露出の系譜に結びつくロイズ・ビル〔ロジャース（一九八四）〕を除けば、ボーブールほどの危険を冒した建物は存在しない。リチャード・ロジャースは、工場の建築をつうじてこの運動を継続させた…。

もっとも、ボーブールの、当初のコンセプトのなかでいちばん興味深いのは、空間の概念自体にみられる内部の自由だ。というのも、芸術を保護する――あるいは芸術を製造する――この機械が機械として機能することが想像され、また望まれたのだった。その内部では、まったく予測不可能な出来事が起こるにちがいないと思われたし、そのフロアは、さまざまな付属物や媒体や可動的な拡張機能とともに生命をあたえられ、すべてが媒体（シュポール）＝供給（アポール）の弁証法のなかで、最良のやり方で組織されるはずだった。

ボーブールは、まずはじめは媒体だったが、その後、「機能化」された空間となって、その最初の意味を完全に変えてしまった。この点で面白いのは、一九九九年一月に――ちょうど修復工事中だったが――建物が広告に利用され、ファサードを長さ百メートル、高さ三十メートル以上の布に印刷された巨大な写真で覆う必要が生じたことだ。ボーブールの使命は、自由な、あるいはごく短期間の計画的なあらゆる性格の、こうした〈建物の〉内外の出来事を捕捉することなのだ。あなたがいう内破は、全面的に予想外のやり方で起こることになった。

卵のなかで殺されてしまったのは、〈空間が〉可能性にむかって開かれること、つまり全面的に空白な何もない空間に内在する可能性のゲームだった。館内に月並みな仕切り壁を設置して、まったく型どおりの空間を再構築してしまったために、ボーブールは単なる媒体としての建築というコンセプトとは対極的な方向に発展をとげたので、しまいには、いっそうもっともらしく見せるために、梁に局部的な覆いをかぶせるところにまで行きついて、あらゆる産業的または機械主義的な痕跡を想起させる要素を消去してしまったほどだ！

建物内部のあらゆる自由は、消防によって台なしにされた。というのも、消防が、百五十×五十メートルの平面――かなりの広さだ！――を一枚の横断壁によって区切るよう要請したので、平面はばっさりと切断されてしまった。この介入だけでも、チューブやダクトを建物の外側に露出することの必然性と、それゆえその意味を奪いとるにはじゅうぶんだった――ダクト類はセンター・コアか、二枚の壁のあいだに配置されかねなかった。最初のうちは、そのほうがはるかに妥当な方法だと思われていたのだから！ 建物の媒体的性格に作用して、すばやいリズムで建物を変化させるにちがいなかったあらゆる指摘は、結局実現されなかった。そして、ボーブールはまるで切り出された石造りの建物のように体験されたのだった。

ボーブールが過剰消費の対象となり、毎年信じられないほど多くの見学者が押し寄せるという事実や、その巨大化などのせいで、この建物はあっという間に消耗してしまった。この種の加速された老朽化はボーブールの特徴でもあるが、建築的な意図とその現実とのあいだの巨大なへだたりを確認することは、興味深い。同時に、もうひとりの設計者であるレンゾ・ピアノは、現在、建物を——こういってよければ——そのコンセプトとしてではなくて、現状のままで保存することを強いられている。今日では、七十年代のあのエネルギーを思い起こすことは困難だ！

J・B　結局、そうした柔軟性という点で、ボーブールはその最初の意図に、まさに対応してきた…。

J・N　それはちがう。ボーブールはその役割を果たさなかったから、硬直した建物にとどまっている。おそらく、いつの日かそう〈柔軟に〉なるかもしれないが…。あまりにも危険で、あまりにも自然発生的な柔軟性を利用することなど、誰も望まなかった。すべては再び枠にはめられて、閉じられてしまった。一九三〇年に建てられた大きな窓のある建物を想像してみたまえ。その場合にも、現代とおなじ問題が生じただろう。美しい見晴らし台のある大きなテラスをつけ加えさえすれば…といった具合に。もちろん、ボーブールのアーバンな位置づけは維持されているが。この建物は、控え壁（アルク・ブータン）と身廊（ネフ）と「ピアッツァ〈教会前の広場〉」をもつ大聖堂のように機能している。ボーブールは、そこに登って、パリの景観と芸術を堪能〈＝消費〉するよう、大衆に呼びかけている。それは消費への呼びかけそのものだ。

文化を保護する？

J・B たしかに、それは陰圧になった空気の流れのようなもので、事物がそこに吸いこまれてゆく。部分的には、ボーブールは吸引力をもつ穴でありつづけている…。だが、文化を保護したり、あるいは挑発したりするという点では、懐疑的にならざるを得ない…。この空間が、出発点で意図されていたようなかたちで、呼び起こすと思われたあの破壊的力を、いったいどうやって再び見いだせるだろうか？

J・N 制度〔ボーブールはフランスの国立文化施設〕が、破壊的力を受け入れられるだろうか？　制度が、未知のもの、予測不可能なものを計画に入れられるだろうか？　制度が、これほど開かれた空間であっても、規格と干渉を受けない条件を芸術家に提示できるだろうか？　そして、限界を設けないことを受け入れられるだろうか？　建築と人間生活とは、別々のことがらなのだ。時代による利用としっくりいかないような建築が、いったい何の役に立つだろうか？

J・B　そこで問題が残るのは、建築、あるいは個別的な建物と文化や社会との関係がどのようなものなのかを、じっさいに表現できるかどうかということだ…。その「社会的」インパクトは、どのように定義されるだろうか？　社会性それ自体を定義することができなければ、まさに定義不能な建築が生み出されるにちがいない。つまり、リアルタイムと偶然性の建築〔この場合は、時代を超えて存続することを目的としない、偶然的要素の結合による現在進行形の建築〕、社会生活をも動かしているあの不確実性の建築だ。今日では、建築はもはや何ものであろうと「モニュメント化」することはできないのだ…。とはいえ、建築は脱モニュメント化することもできないのだから、建築の役割は、いったいどうなるのだろうか？

J・N　リアルタイムと偶然性の建築を、挑発としてつくろうとする建築家も存在している。われわれは、誰もが醜いとみなすような産業的構築物のうちに、この種の建築をつくろうと試みているが、じつはすばらしい作品なのだ。それは誰からも見捨てられていたセイタ〔フランス煙草・マッチ専売開発公社〕の工場を転用したもので、マルセイユでいちばん人口の多い地区——「ベル・ド・メー〔五月の美女〕」——に位置した巨大工場の廃屋のことだ。なんと、八万平方メートルの空白だよ！

　その場所は空ろで物騒なところで、市役所がガードマンを配置していたが、無断で住みつく連中に占拠されはじめていた。ところがある日、かなり自然発生的に、文化人が彼らに交じるようになった。演劇人、舞踏家、造形作家などだ。そこには、体験としての文化にもとづく開かれた文化の場所をつくろうとする明確な意思表示があった。ふつう文化のために用意される、時間に規制され、保守的な制度の適用に支配された建物とは、まさに正反対で、昼も夜も開かれていて、芸術家たちが住みつくようになるだろう。プロデューサーに招かれてやってきて、共同制作をするようになる者たちも出てくるだろう。このプロジェクトを異文化を総合する次元として明確に位置づけ、若い芸術家や学生や失業者を優先するやり方で開放し、そこに手ほどきの場としての価値をあたえようという意思が存在している。

ところが、この種の計画と建築は、財政と維持と発展に関して、最悪の困難に出会うことになる。そこには解決困難な矛盾が存在している。なぜなら、このプロジェクトの発端となった人びとは、制度の適用を受けなくてはならないことを望まないが、彼らは結局、市当局であれ国であれ、制度による承認と許可を求めなくてはならないからだ——そして、制度側は、彼らのラディカルな提案を拒否している。

とはいえ、この計画は、現代的な文化の場所となるにちがいないもののダイナミズムのうちに位置づけられていると思う。いくらでも目につくような、極度に集中化され、極度に制度化された場所ほど不毛なものはないからだ。

変更について――突然変異か、復権＝修復か

J・N　私が「変更〈モディフィカシオン〉」と呼ぶことがらについてなされている論争は、本質的なものだと思われる。二十世紀をつうじて、たくさんの建築がいたるところで、とても急いで、とても下手くそに、方法などおかまいなしに、つくられてきた。じつに多くのもの、空間、建物、郊外、それに非・場所〈前出〉などが、まさに記録的な〈短〉時間で生産され、再生産されたのだった。その結果、いまや北側〈工業国〉の国々では、成長の過程が事実上終了した状況をむかえている。ところが、都市(アーバン)と郊外(サバーバン)の空間や田園風景などは、たえまない変更の過程を強いられているのだ。

　われわれは、現存するあらゆる建築物――建造され、放棄され、再建されたもの――を前にして、変更か解体かの選択を迫られている。いずれにしても、それらを何とかしなくてはならない。その場合、過去のいくつかの記号を保存したり、「ブルジョワ的で上品な趣味やピトレスクな本質」などといった伝統的な意味で「復権＝修復」することではなくて、ありのままの状態から出発して、建築を、その意味と本質を創造することが問題なのだ。

　マルセイユで起こっていることを見れば、もともとは産業用建物だったものが、その八

〇パーセントまで建造された文化施設とみなされることがわかる。建物の使用法を変えるだけで、その内部にいくらかの物体や建築的記号を再び配置し、仕上げの作業をすれば、その場所は完全に意味を変えることになる。あなたのために、実例をあげれば、そこにはいくつかの百五十×四十メートルの大きな作業場があった。以前には、その空間は機械や道具で埋まっていたが、いまではからっぽで、荘厳でさえある。

現在では、そのような文化的空間をまるごと新たに創造することは不可能だろう。費用がかかりすぎるからだ。われわれは、この内部と外部からなる都市型複合体〔廃棄された工場〕を都市の断片とみなすことにした。人びとは、小都市のように、そこに住みつくようになるだろう。そして、建築を乗っ取って、そこに定着することも建築的行為だと、われわれは考えている。元の建築の内部や屋上や、あるいはテラスに何かを建設してもよい。その場合でも、この種の〔過去の要素への〕追加の過程もまた、ひとつの創造行為であり、空間に完全な資格をあたえることにはちがいない。

それは単なる変更ではなくて、突然変異なのだ。というのも、おなじ場所が、もはやおなじやり方では体験できなくなるからであり、内部には、もはやおなじものは存在しない。スケールをさまざまに変えて冒険してみたり、その意味を変えたりといった具合に、純粋に機能的だった空ろな巨大空間から出発して、方向転換をくりかえし、誰にも想像できなかったような再創造と再発生へとたどりつくだろう。

この種の都市再生の過程を、いまこそ勇気づける必要がある。この過程は、寸法規格という制約からぬけだして、あの不可欠な、プログラム化できない「あまりもの」、あの余計なものを手に入れることを可能にしてくれる。それは、あまりもの、あまりにも大きく、あまりにも高く、あまりにも暗く、あまりにも醜く、あまりにも硬直したもの、予測不可能なもの、ラディカルなものを挑発するのだ。

J・B だが、君のいう突然変異は、じつにしばしば、ある種の文化的意図によって導かれることになる。じっさい、「文化的」と呼ばれるものは、結局、多形的〔ポリモルフ〕で、倒錯的な、得体のしれない活動の集合体にすぎない…。

J・N 突然変異がほんものでない場合には、倒錯的な結果を招き、復権＝修復（レアビリタシオン）になってしまう。復権とは、用語の法的意味では、ある人の以前には否認されていた特質を、その人に取り戻させることだ。じっさい、六〇年代、七〇年代のすべてのＨＬＭ〔低家賃の公営住宅団地〕は、いまや「復権＝修復」されつつある。つまり、何年も忘れられていた建物に手を入れて、建物のファサードにすこしばかり彩色を施したり、ちょっとした庇を付けたりするのだが、周辺の社会的都市状況自体の劣悪化と暴力化は放置されて、「ゾーニング〔都市住民の階層別住み分け〕」が永続することになる。うまくいかないことがわかっている住宅の論理に固執し、結局、あらゆる問題を固着させ、長引かせてしまうのだ。

そのうえ、改修費用を惜しんで、工事をいちばん安く片づける企業に直接委託することになる。その結果、建物は外部環境から隔離され、多くの改良工事を施しているように見えても、じつは日曜大工程度のことにすぎない。ちょっと小ぎれいにしただけで、今後二十年はいけるというわけだ。ところが、当初ＨＬＭの耐用期限は二十年と予測されていた。

J・B　事前の計画なしに、いわばひとりでに出来上がった大規模都市空間、たとえばニューヨークのロウアー・イースト・サイドやソーホーのような地区は、二十年ほど前から特権階級や、しばしばアーティストたちによって再投資されている。彼らはそのあたりの生活と景観を変えてしまったが、それは復権＝修復だろうか、それとも突然変異だろうか？　このタイプの変化が、たいていの場合、地域の富裕化〔ブルジョワ化〕をともなうことは容易に確認できる。ブラジルのバイア州〔東部大西洋岸〕の都市サルバドールでもそうだ。建物のファサードは保存したが、その裏側はすっかり変えられてしまった。

J・N　たとえばパリの場合、この首都は、私が「形態＝規格化（フォルモリザシオン）」と名づけた過程によって特徴づけられてきた。それは、カンカンポワ通りやマレ地区のサン＝ポール周辺〔いずれもボーブール付近（三区）の歴史的地域〕でなされたことだが、歴史的性格をもつ一連のファサードをすべて保存して、その裏側に新しい建物を建造したのだ。このプロセスが、ただひとつのことだけに役立ったのはあきらかだが、それはもちろん、貧困層を追い出して、資産のある住民層で置き換えることだった。

建物の使用法をラディカルに変えてしまい、より多くの空間とより多くの快楽を求める方向、つまり新しい特性を獲得する方向に進むとき、復権＝修復の枠は乗り越えられる。形態＝規格化はその逆で、小規模の住宅を分譲したり、窓を床で区切ったりといった操作がなされている。もっとも、ニューヨークでは事情が異なる。工場のスペースが夢のアパルトマンに、三百平方メートルの比類のない場所に変わるのだ。奥行きが三十メートルもある建物に住むこともできる。その場合、部屋の両端を照明で明るくすると、近代の公衆衛生学の理論とは反対に、中央の部分に暗い場所ができてしまう。

ところで、こうした場合にわれわれが立ち会っているのは、復権＝修復以上のものであり、場所の美学的読解に現実の位相のずれをもたらす突然変異でもある。工場のスペースに、テーブルをひとつ、ソファを三つ、それにベッドをひとつ置くだけで、そこに商品や機械があふれていたときとは異質な場所の詩学が創造されるにはじゅうぶんだ。

J・B　君が構想するような変更は、興味深い見とおし（パースペクティヴ）を提供している。この見とおしは一般化され得るだろうか、それを変更の政策にはできないものだろうか？

J・N　国の政策にするためには、さらに「政治家」たちの意識改革が必要だろう…。変革や変更のあらゆる行為が、無からの創造（エクス・ニヒロ）とおなじように本質的な文化的行為だということを、彼らは理解し、認められるだろうか？　建築が奥深さとニュアンスの特権的な場所として表現され、〔外観だけでなく〕その内部からますます享受されるようになることを、彼らは受け入れられるだろうか？　蓄積と相互補完性によって達成された建築の美しい実例を、歴史はわれわれに提供してくれる。おそらく、まばゆいほどの確証をともなう、もっとも説得力のある例証は、カルロ・スカパ〔二十世紀イタリアの建築家〕のそれだ。

ところで、最初の政治的問いとは「私は何を破壊し、何を保存するか？」というものだが、この問いには暗い、戯画的な二つの時期の記憶が引き立て役のようにつきまとっている。六〇年代と七〇年代の「私はすべてを破壊する」は、ブルドーザーによる改革であり、「形態＝規格化」の「私はすべてを保存する」という時期が、それに続いた。私は模倣する、私は建築行為を節約する、というわけだ！

J・B　今日では、事物は変えられるためにつくられるのだから、そこには可動的で、柔軟で、偶然的な仕掛けが存在している。おそらく、現在建築の外部のいたるところで見いだされる情報処理(アンフォルマティック)技術の論理から、建築というものを構想しなくてはならないだろう。そのうえ、文化の多元性が存在している。アイデンティティを変換するあの可能性、あらゆる情報の変異体を活性化する可能性だが、それは現代性(モデルニテ)によって、さかんに主張されている——超現代性というべきかもしれないが、私にはわかりかねる。

最近よく考えるのは、そのことだ。変化する事物と生成する事物とのあいだには、差異が存在するにちがいない。たしかに、変化と生成とのあいだには根本的な差異が存在している。「生成」する事物はごく少数であり、無理解や、おそらく消滅の危険にさらされている。生成とは、変化をもたらすことと同一ではない。なんとかして変化を設定しようと望み、人びとを変化という一種の強制——たとえばモード〔流行〕の信条のようなもの——へと引きこむことと同一ではないのだ——そして、彼らはもはやそこから逃れられないだろう。事物が何かに生成するとは、必ずしもそのようなことではない。

ひとつの都市が、見ている人の目の前で変化することが可能だろうか？　たしかに、都市を変化・変更させることは可能だが、その場合、都市が別の何かに「生成している」といえるだろうか。時間の経過とともに、都市が〔結果的に〕さまざまな事物に「生成した」とはいえるだろう。ノスタルジアにふけるわけではないが、昔の都市は、こうして時の流れとともに、ある種の特異性を獲得していた。ところが、いまでは、われわれの目の前で、都市はフルスピードで、混乱しながら変化をとげている。われわれは、都市のさまざまな特徴の衰退に立ち会っているのだ。

変更でさえも、おそらく、事物を変化へと再導入する方法となる。その場合、事物は破壊されるか、純粋かつ単純に美術館行きになるかの危険を冒すことになってしまうだろうが、それはまた別の不幸な運命だ。変化に対抗できる別の要求はあり得るだろうか？　というよりは、むしろ、都市にとって生成とは何か？と問うべきかもしれない。

J・N　都市の生成に取り組むことは、都市のアイデンティティを鋭く意識することを前提にしているから、変化をある方向に導かなくてはならない。変化とは宿命的で、自動的で、避けられないものであり、多くの責任者たち――市長など――は、変化を活力や成長の証拠として主張し、あらゆるばかげた政策の口実にしようとするだろう。ところが、ある都市の生成は、それに先立って存在していたものとの関連から決定されるのであり、仮説上の未来や、いわゆる長期計画の未来に関連してはいないのだ。

生成は、コンテクスト的でコンセプチュアルな建築、（過去に）根をおろした、奥行きのある建築に、あらゆる表現の機会を提供する。変化のための変化は、何ごとに対してもあらゆる口実をあたえるという点で、建築の理性の消失に加担している。変化のための変化は、市場モデルの自動的再生産からも生じるが、既存の建物のクローン化のような、生成型の着想からも生じるのだ。

J・B　建築の理性の消失とは、クローン的建築のことだね。

J・N　都市の歴史的発展と進化は、つねに建築家たちをひどく悩ませてきた。そこには奇妙な逆説が存在している。建築家たちはたえず都市の組織構造（ティシュ）を変更するが、彼らはこの空間の進化には抵抗するのだ。建築家たちは、ふつう、彼らの直前の時代を再生産して、すでに乗り越えられた都市をつくりつづけようとする。都市が動き出すたびに、建築家はこう文句をつけるだろう——「これじゃあ、もう都市ではなくて郊外のようなものだ。気高さがない……」。

二十世紀の都市の進化は、激しい発作的変動をひきおこしたが、建築家というカースト全体は十九世紀の都市にしがみつき、ヨーロッパ型の都市を再構築して、街路や広場を、以前とおなじように造りつづけようとした…。けれども、それらは、もはや意味を失った空虚な街路や広場だったのだ。

明日の都市

J・B　そのとおりだが、事実関係としては、それはまだクローン的建築ではないね…。

J・N　再＝生産（ル＝プロデュクシオン）と複製（デュプリカシオン）の形態というべきだろう。そうした建築家たちは、いつも過去のさまざまな形態に執着していて、都市が、彼らが崇拝してきた状態、つまり彼らが思い描いてきた状態とは異なる状態のほうへ動き出すのを見て、絶望することになる。とはいえ、都市の進化は——すこしばかり予言めいたことをいうが——結局、彼らを絶望させはしないだろう。なぜなら、〈都市の〉完全な脱領域化が実現しつつあるからだ。

　いまや、われわれはみな都市生活者だ。今日の都市を特徴づけているのは、一定時間、一定の人びとによって共有される空間だといえる。都市にたどりつき、そこで移動し、そこで誰かと出会うための時間。多くの人びとが、ある領域にたどりつき、あるいは領域を共有するようになる時点から、彼らはその領域に属することになり、この領域が都市空間を構成する。ひとは都市に属しているのだ。たとえ田舎に住んでいても、いちばん近くの村から二十キロも離れた小さな農園に住んでいたとしても、結局、われわれは都会人になってしまう。われわれ自身が「都市」の一部なのだから。そこでは、空間ではなくて、時間が、都市性への所属というわれわれの未来を命じることになる。

J・B ただ、来るべき都市について、君がわれわれに提供するイメージのなかでは、都市は、もはや生成する形態ではなくて、拡張するネットワークになっているね。それもいいだろう。じっさい、君は自分なりのやり方で都市を定義したのだから。けれども、この種の都市性は、もはや単なる都市の性格ではなくて、都市の無限の可能性ということになる。いわば、ヴァーチャルな都市性であり、コンピューター画面を操作するように、都市のキーボードを操作するわけだ。

かつて、〈建築という〉コンセプトを極限まで推し進めて、あるいはむしろ写真から出発して、私は建築の終わりを思い描いたことがあったが、それは〈写真の場合〉圧倒的多数のイメージが、もはや主体の表現でも、客体＝対象の現実でもなくて、写真に内在するあらゆる可能性を技術的に達成したものにすぎないということだった。そこで仕事をしているのは、結局、写真という媒体なのだ。人びとは、ある場面を撮影したと思いこんでいるが、じつは、彼らはカメラという機械の無限のヴァーチャリティを技術的に操作する存在でしかない。ヴァーチャリティといったのは、カメラが人びとに要求するのは、機械として機能することだけだからだ。カメラは機械として作動しなくてはならない。

建築と、その無限の潜在力についても、素材や規範や、建築家が意のままにできるあらゆる形態（ポストモダンでも、モダンでもよいが）に関して、おなじことがいえるのではないだろうか。そうなったときから、すべては…〔建築以外の何かとの関連で、構成されることになる〕。建築の合目的性が存在するだろうという意味で、〔建築の〕真実について語ることさえ、もはや不可能だし、〔建築の〕ラディカルさについても、もはや語れはしない。こうして、われわれは純粋なヴァーチャリティのなかに入りこむのだ。

ヴァーチャルな建築、リアルな建築

J・B　ところで、ヴァーチャルな意味での建築と呼べるようなものが、いまなお存在するのだろうか？　そんな建築は存在し得るのだろうか、あるいは、存在すべきなのだろうか？　それを、なお建築と呼べるのだろうか？　たしかに、事物や技術や素材や空間の配置などを無限に組み合わせることはできるだろうが、はたして、それがひとつの建築となり得るだろうか？

結局、私は思うのだが、ビルバオのグッゲンハイム美術館は、複雑な組み合わせからなるオブジェのジャンルの典型であり、すべてのモジュールが露出され、すべての組み合わせが表現されているような要素にしたがって造られた建物となっている。おなじようなタイプの美術館を百も思い描けるだろうが、もちろん、どれひとつとして似かよってはいないだろう。

J・N あなた自身を驚かせるためには、フランク・ゲーリーを信頼しなくては！

J・B 彼はすばらしい——あの作品は、たしかにすばらしいのだから！　私が試みようとしているのは、オブジェ自体の価値判断ではなくて、その実現を可能にした生産と製作の構造だ。私の考えでは、あの建築には、先ほど述べたリテラリテ、つまり別の形態では表現できないような特異な形態の存在感が、もはや存在しないが、〔ビルバオの〕グッゲンハイムのほうは、じつに多くの種類のオブジェのうちに、連鎖反応として、無限に表現されることが可能だ…。そのようなかたちで建築の進化があり得るような印象を、人びとはもつだろう。

しかし、写真の例を再びとりあげるなら、イメージのほとんど中断されない流れを生みだすのは、カメラという機械なのだ。この流れを受け入れるなら、カメラはすべてを複製し、イメージを無限に産出することができるだろう。そして、この視覚的な流れのなかに、もちろん、技術自体の際限のない、指数関数的〔増殖の〕論理にしたがわない、例外的なイメージが一つか二つくらいはあるだろうと、期待することも可能だろう。

とはいえ、このような状況は、建築がさらされている危険に似てはいないだろうか？結局、われわれは二人ともレディ・メイドのことを問題にしていたのだが、グッゲンハイムはレディ・メイドだ、といってもよいだろう。そこでは、すべての要素があらかじめあたえられており、あとは、それらを移し替えたり、置き換えたりして、さまざまなやり方で作用させるだけで、建築が出来上がるというわけだ。ただ、移し替えの操作自体は自動的になされる。世界や都市の自動記述〔世界や都市がデータの記号処理によって自動的に記述される状況（『完全犯罪』参照）〕の場合に、すこしばかり似たやり方で。都市全体が、この原理のもとで建設されることさえ想像できそうだ…。アメリカのいくつかの都市では、すでにそうなっているが。

それは、もはやエンジニアだけの問題ではない。以前には、エンジニアたちが、世代から世代へと、最小限の規範にしたがって建設してきたが、グッゲンハイムのような例では、すでにヴァーチャルになった創造モデルから、別の何かが出現するのだ。そこでは、ヴァーチャリティからリアリティのほうへ、いずれにしても、リアルな存在感のほうへと下降することになる——もっとも、情報処理や数学のモデル化と異なるのは、建築では、この種の下降の動きが、結局はオブジェをつくりだすことになるという点だろう。

J・N　ビルバオのグッゲンハイムとともに、われわれは建築に情報処理技術を利用する新しい革命に立ち会っている。つまり、発想の材料をあたえ、何であれ、いちばん移ろいやすく、いちばん直接的なことがらをとらえて、定着させることも目的とする、新しい情報処理的アプローチに立ち会っている。フランク・ゲーリーに関してすばらしいのは、彼がまずスケッチを描いては、紙をしわくちゃにし、はじめからやりなおし、紙の上のスケッチ、つまり〈しわくちゃの紙の〉立体的なスケッチによるマケットを大規模な計画全体と関連づけようとすることだ。あとは、コンピューターが引き受けて、建築全体をつくりあげるだろう。コンピューターは、空間のなかにイメージを構築し、つかの間のものや不安定なものの領域に属する何かを具体化しはじめる。こうして、欲望が建設された現実へといたる直接的な通路のようなものが開かれるのだ。フランク・ゲーリーの建築では、この種の省略的手続きが見られるが、それは稀なことではある。

J・B　とにかく、彼は極上のゲーム的空間のたぐいを自分自身にあたえたといえるだろう！

J・N　それは、楽観的な仮説だね。

J・B　たしかに、ビルバオのグッゲンハイムの周りを歩いてみれば、この建物の線が非論理的だと納得がいく。しかし、内部の空間を見れば、それがほとんど完璧に型どおりのものだということがわかる。いずれにしても、内部空間は、建物の観念性とはまったく無関係だ。

J・N　いくつかの空間が型どおりなのは、美術館建造上の約束事にしたがわなくてはならないからだ。カンジンスキーとピカソとブラックを、静粛な空間の明るい壁に展示する以外の方法は、まだ見つかっていないからね。けれども、ビルバオには、特異な空間も存在している。エントランス・ホールや、長さ二百五十メートルの巨大な展示室などだ。そこには、いつもながら、現実への夢の適用が見られる。とても美しい適応だ……。

　他方、現在、地球上で生産されている建築の九〇パーセント――とくに大規模建築！――について、私が大きな危険を予感するのは、既存の情報処理的データを再利用することで、建物の着想を極端にショートカットしてつくりあげるプロセスをつうじて、建築をつくろうというやり方に関してなのだ。すでに現在でも、建築のクローン化のかたちが見受けられる。というのも、あるオフィス・ビルが一定の類型にしたがって造られるようになり、その技術や費用や実現の条件が知られるようになった時点から、そのビルをコピーして建設することができるようになるからだ。しかも、その場合、着想にあらたに対価を支払う必要はないというわけだ。このやり方によって、完璧に同一化された技術的プロセス全体を〔いたるところに〕配置することが可能になったので、その結果、多くの企業が国際市場にいつでも参入できるようになっている。

アジアや南米では、そのとおりのことが起こっている。たとえば、サンパウロを見てほしい。そこでは、最小限の建築的意図さえなしに造られたビルが発展をとげている。建築家のサボタージュや身売り的行為の一形態だ。あなたは、映画や政治の世界の例をあげていたが、そこでも、完全なサボタージュの被害が出ている。私は思うのだが、建築のサボタージュはたしかに存在している。建築家自身が、ある都市の特質と気高さをつくりだせるすべてのものに、完全に逆行するようなタイプの建造物を生産しているのだ。こうした実例が、まったく不安を誘うやり方で増加している。いちばん現実主義的な節約経済(エコノミー)が、この方向に向かっている…。

情報処理的規格化と建築

J・N　既存のデータを再利用すれば、コンピューターがあっという間に対応してくれるのだから、これ以上容易なやり方があるだろうか？　あれこれのパラメーターを変えるのに数時間かければ、もう出来上がりというわけだ！　おなじデータが、新しい建物のために再び使われるのだから。したがって、こうした建物はすべて考えなしに造られるので、直接的な収益性と性急な決定の結果にすぎない。そこでは、おそらく時代遅れと判断されたある側面が、完全に犠牲にされてしまう…。もはや公共空間は必要がない、もはや〔異なる要素の〕組み合わせは必要がない、ただ単に〔データを〕蓄積すればじゅうぶんだ、ということだ。私自身がある建物を買う必要に迫られたとしよう。その場合でもこうした方法で、私はいちばん安くて、いちばん早く出来る建物を手に入れられるのだ。パラメーターは単純なもので、可変的要素はいらないというわけだ。

J・B　そのような建築空間には、建築家が自分を特異化できる可能性はまだ残されているだろうか？

J・N　たいていの場合、普遍的な意味での建築はもはや存在していない。何らかの基準を効率よく操作するエンジニアがいるだけだ。そして、これらの基準は、人間中心主義的な、あるいは行動主義的な、いくつかの選択肢に結びついている。たとえば、ヨーロッパでは、直接採光のないオフィス・ビルを売ることはできない。アメリカ合衆国では、さまざまな理由から、建築基準はヨーロッパの現行基準とはかなり異なっている。たとえば、あなたは「第三の光」をもつことを許可されるだろう。つまり、奥行き五十メートルのビルがあって、あなたの執務スペースが建物の中心部に位置していれば、最初の窓はあなたから二十メートルのところになるので、あなたは一日中人工的な光のなかにいることになる。

このような建物はとても経済的で、アジアや南米でよく売れている。けれども、この場合にも、生きる喜びについての考察は、まったくなされてはいない。いちばん人間中心主義的な基準をもつのが「先進」諸国だというわけではないのだ！ しばしば、非常に貧しい都市のなかに、自然発生的な創造行為が見られるが、それらは、たとえトタンの波板やぼろ布の切れ端だったりしても、すばらしい建築的行為とみなすことができる。そこからは、クリエイティヴな領域に属する詩学が引き出せるけれど、別の場合には、創造性から遠ざかってしまうこともある…。

J・B 建築家にとって創造の自由がまだ存在しているとすれば、それでは、特別な空間としては、いったい何が残るだろうか、と考えてみてもよいだろう。

J・N さいわいなことに、建築を排除するためのすべての条件が、まだひとつに結びついたわけではない！ 都市の進化の過程では、つねに、マージナルな場所がある種の美意識の探求者のために残されるだろう。まったく特権的な環境のなかで、自分自身の生活と行動の美意識を探求する人びとだ。私がいっそう疑問に思うのは、こうした都市の将来のことだ。近未来には、これらの都市は、もはやわれわれが現在知っているような都市ではなくなるだろう。南の地域が発展して、おなじ道程をたどって北の地域の都市のレベルに追いつくことを望んでいるとしても、そのためには数世代の時間が必要だろうし、資金をどこで見つけてくるのか、まったくあきらかではない。まったく、われわれは真の突然変異に立ち会おうとしている。

軽さと重さ…

J・N　建築と都市が体験するだろうさし迫った突然変異は、物質とわれわれの関係にかかわっているとさえ、私は考える。この激変は〈物質とは〉別のタイプの媒介作用をつうじて、やってくるだろうし、非物質的な方向へと進んでいくだろう。非物質的なものの次元、ヴァーチャルで音響的な、コミュニケーションの次元に属するすべてが、すでに突然変異の過程に入っている。たとえば、重すぎるネットワークをつくることを回避するすべてのものが、優遇されるだろう。

こうした傾向から、大規模な水路や高圧線をつうじてエネルギーを導くようなタイプの企画は、すべて避けられるようになるだろう。この問題に関する考察は、自律性と軽さをめぐって展開されるだろう。そのことは、太陽熱発電や風力発電といった、自然に生じる、エコロジー的なエネルギーを重視する方向へと、われわれを導くだろう。情報に関しては、衛星をつうじたコミュニケーションがさかんになるだろう。廃棄物処理の問題にしても、この傾向が進めば、集中化よりはむしろ〔ゴミを〕その場で分解することが可能になるだろう。

このような発想のすべてが、新しい戦略を出現させることになるが、それは、今日われわれが都市の発展について抱いている観念を完全に変えてしまう戦略であり、都市の領域を「非都市」的な都市の方向へむかわせるという進化をもたらすだろう。そのためには、状況の持続的な展開が前提となる。私が述べたのは、生まれたばかりの新しい傾向のことであり、実現はまだまだ先の話だ! それでも、実現可能なユートピアには思えるのだが…。

J・B 私が思うには、残念ながら、君がいったように、これから先の建築や建物への欲求の圧倒的大部分は、テクノクラシー的で規格化されたものになるだろう。そのうえで、事実上いくらかの特権者のためにデラックスな建築がつくられるだろう。この傾向は、社会的なものや芸術など、あらゆる領域で、姿を現している…。それは、ますます大きくなる差別傾向をともなう。つまり、ふつう思われている事態とは逆に、民主主義と近代性の目標に逆らう差別なのだ。この点に関して、建築が何らかの役割を演じることができるかどうか、私にはわからない。とはいえ、〈建築は〉人間中心主義的ではないにしても、すくなくとも平等化という役割をもつことを望んできたとはいえるだろう…。

J・N そのとおりだが、それはひとつの結果にすぎないだろう。残念ながら、建築によって世界が変わるわけではないのだから！

どのユートピア？

J・B それはそうだ。私は理想主義者なのだろう。建築によって世界が変えられると、いつも信じているのだから…。じっさい、それはユートピアの次元ではある。これまでは、ユートピア的建築とは、結局、実現された建築だった。しかし、将来的には、この傾向が逆転する〈世界によって建築が変えられる〉危険があるのではないだろうか？ 建築が差別の一要素になると予想するのは、危険なことではないだろうか？

J・N　世界を変えるために、建築が政治に影響をあたえられないとしても、政治のほうは、社会的、人道的、経済的目標を達成するために、建築を活用しなくてはならないし、西欧の工業国では、文化の経済的次元――建築文化でも、それ以外でも――が、考慮されている。私も理想主義者だから、もっとも恵まれない階層の人びとの生活状態という問題をすみやかに解決する、野心的な計画を思い描いてきた。といっても、ソウルやサンパウロで七〇年代に造られた高層住宅や横長住宅のクローン化へと導くような、重たいコンクリートによる伝統的な解決とは関係がない。私の願望を実現するためには、真の意識改革が必要だ。その場合、レディ・メイドだけが、何百万という規模のオートメーション式生産をつうじて、生産と流通の費用を非常に低く設定することができる。スラム街に水洗トイレを設置するより、車やテレビを入れるほうが容易だということは、すでに確認ずみだ…。

だから、私が思い描くのは、いちばん安上がりで、いちばん軽くて、いちばん柔軟で、切断や組み合わせや穴あけや操作がいちばん容易な素材を利用した計画だ…。トタンの波板や、リブのついたプラスチックや、軽量パイプや、ケーブルや、シート状の金属板を使うのだ。それは、〈外部から補給せずにすむ〉自立したエネルギーに関するノウハウをたくみに利用した、何百万という単位で生産される小型機械で作動する設備を組みこんだ計画になるだろう…。建築のかたちを予想させない、そんな住宅用部品のパッケージを、ちょっとした工具をつけて〈スラム街に〉パラシュートで落とすことを、私は夢見ている。

七十年代の、ほとんどが規格化された建築の古い概念を、規格のない建築で置き換えるわけだ…。
現在では、私の知るかぎり、ユネスコの計画のうちで、この発想をラディカルなやり方で発展させようとしているものはひとつもない。とはいえ、われわれはもはやカタストロフにむかって走っているのではなくて、すでに、絶対的なカタストロフに入りこんでいるのだ。

J・B ブエノスアイレスで、今年〔一九九九年〕、私は建築の未来について語る機会があった。たしかに、君のいうとおり、必ずしも建築的な未来でないとしても、私は建築の未来を信じている。その理由はただひとつ、他のあらゆる建物に終止符を打つような建物や、他のあらゆる都市に終止符を打つような都市、さらには、他のあらゆる思想を終わらせるような思想が、まだ発明されていないからだ。したがって、この種のユートピアがまだ実現されていないかぎり、希望は存在しているし、継続する必要があるだろう。現在、技術的な面で起こっているすべてのことは、かなりめまいをさそうものだという事実を認識しなくてはならない。空間の変更などだ…。それはさておき、われわれは二十年のあいだに、生殖抜きのセクシュアリティからセクシュアリティ抜きの生殖へと移行したことになるだろう。

J・N　建築の再生産〔ルプロデュクシオン〕の様式を変えてみよう！　建築の生殖〔ルプロデュクシオン〕を発明しよう！

J・B　セクシュアリティ抜きの生殖は、生殖抜きのセクシュアリティを問いなおすことになるが、かつては、それこそがエロティシズムの本質だったのだ。いまでは、研究所の企てのほうが増加して、エロティシズムの領域は、大幅に内破的なものになるだろう…。もっとも、セックスだけの話ではない。遺伝子工学とともに、学者たちは、遺伝子を変更するために、遺伝子の研究をするようになっている。すでに、アメリカの診療所では、人びとは自分の子どもが同性愛者などにならないように、生まれてくる子どもの遺伝情報をキーボードで操作しはじめているようだ…。

そこには、あきらかに、全面的な〔遺伝子の〕乗っ取り行為が見られるが、〔ヒトという〕種を完成させることが可能だという事実（つまり、別の種をつくりだすことも可能だという事実）への全面的な信頼が存在する以上、そんなことは問題にもされない。ありのままの人類、あるいは歴史的形態としての建築や、象徴的形態としての都市といった仮説を認めるとしても、そのあとには、いったい何が生じるのだろうか？　データの組み合わせにもとづいて、事物が指数関数的に増殖する事態だろうか？　その場合、われわれは抽象的ではあるが、すでに実現されたメンタルな空間に入りこむことになる。それは、もはや単なる定式の世界ではない…。

J・N いまの話のアナロジーとして、建物の遺伝子のプログラムを操作して、そのクローンをつくる事態を想像することも可能だ。人間より建物のほうがつくりやすいわけだし。だが、そうなれば、新しい超機能主義、ヴァーチャルな機能主義のようなものではある。それはもはや、有機的社会的な旧式の機能や使用価値などの機能主義ではない。もっと別の何かが問題なのだ。そうした新しい与件(ドネ)が避けられないものかどうかが問われている。というのも、現在われわれはむしろ、建築が犠牲になる場面に立ち会っているのだから。感覚的に理解できるデータは、そこにはもはや存在しない。

さて、楽天的になるためには、われわれがあの〈建築の〉プログラミングの真の名人になろうとしていると考えなくてはならない。そこに、われわれを悩ませている環境問題につながる極上の空間を生みだすことのできる、あらゆる情報と仮説を組みこむことができると考える必要がある。それは生き残りを賭けた問題だ。われわれは、現代的なエコロジーを取り入れなくてはならない…。

J・B 環境、エコロジー…、そういった点に関して、私には偏見がある。まさに自然の与件が消滅したという事実を基盤として、エコロジーは存在している、と私は思う。完璧に人為的な世界を構築するために、あらゆる自然、あるいは自然的なものが排除されなくてはならない。そして、この人為的世界では、自然の空間は「保護区（リザーブ）」となって、それ自体が人為的に保護されるのだから。

全能性の欲望としての建築

J・B　たとえば国家による大プロジェクトの場合のように、建築を動かしてきた全能性の欲望が、建築それ自体に建築があたえようとするイメージとは、もはや無関係になっているような感じがする。それは、科学的プログラミングの場合に見られることと、すこしばかり似かよっていて、今日では遺伝生物学者は自分が父親と母親の位置を占めていると考えるだろう。子どもをつくるのは、彼なのだから！　彼は、自分自身を起源にもつ子どもを創造する機械仕掛けの神（デウス・エクス・マキーナ）であって、自然の親子関係には記録を残さない。

J・N　ずっと以前から、建築家は自分が神々だと思いこんできた！　建築家の抱く唯一の不安は、まさにこの夢が奪われるのではないかということだ！　建築とは、必要性の芸術にほかならない。建築を利用する必要性以外、全体の四分の三の時間には、いわば建築は存在していない。それは彫刻か記念碑のようなものだ。

J・B 君もおそらく知っているだろうが、ニースに、丹下健三が設計した、面白い小さな美術館がある〔ニース・アジア美術館〕。愛らしい美術館で、空港から遠くない、水辺に面した魅力的な小建築だ。三、四年前につくられたが、展示を整える財政手段が見つからず、開館以来空っぽのままだ〔現在は展示あり〕。だから、空白の、すばらしい美術館なのだ。まるで宝石のように。五、六年前から、丹下健三は自分自身では何もつくっていないから、君もわかるように、あの美術館は彼が依頼を受諾した最後のものかもしれない…。そこで、彼は極点に到達したわけだ。

J・N 偉大な建築家の名前はしばしばブランド化するものだから、丹下健三の名のもとに建築がつづけられている。そのことを知る絶好の機会があった。東京で、私は私自身のプロジェクトのクローンらしきものを見つけたのだ。基礎になったと思われるプロジェクトは、テット・デファンスのために地平線に格子を配置したもので、ルーヴル＝凱旋門の歴史的軸のパースペクティヴの奥に位置している。このプロジェクトは、一九八二年の〔ミッテラン〕大統領コンクールで二等になった。一等はスプレッスケルセンで、現在、新凱旋門（グランド・アルシュ）として実現している。

私のコンセプトは、空がつねに未完のカンヴァスとなる、伝統的なアルベルティ〔前出〕式の遠近法を超えようとする試みだった。古典主義の時代には、未完のカンヴァスは絵画の背後に、習作用の下絵を拡大するために格子を配置して、丹念に引かれたタータンチェック柄を出現させていた。したがって、非物質化されたチェック柄を地平線に刻みつけることで、凱旋門の背後の空白を碁盤目状に区切ろうとしたのだ。

建物は、ソル・レヴィット〔現代アメリカのコンセプチュアル・アーティスト。白い立体を組み合わせた作品など〕の彫刻を規格外に拡大したような、三次元の直交する格子状になっていた。太陽が軸の真西の方角に沈んで、私が「数学的日没」と呼んだ状況をつくりだしていた。遠くから見ると、それは奥行きのない二次元に見えるが、近づくと、エッシャーの線画のようなハイパー遠近法になっていた。

ところで、東京では、両側にデファンスの場合とおなじ比率でビルが組みこまれ、あの三次元の格子が建造されたようだ。しかし、夕日との関係で、建物の位置が異なるため、格子のなかに人工的な太陽が造られた。それは鋼鉄の輝く球体で、夜には赤、紫、オレンジ色などの照明で照らされている…。夜、このビルを見つけたときには、幻覚かと思ったほどだよ…。

しかし、運命の皮肉だろうか、あなたの喜ぶ表現によれば、宿命的なもののアイロニーだろうか、私は東京湾の対岸数キロの海面だけによって隔てられた場所に、向かい合うようにして、非物質化された巨大なタワーを建設することになった。このビルから、私は地平線に私の格子の配置と、数学的で人為的な私の日没を見るだろう！

J・B それに、ドイツ万国博のための君のプロジェクトは？　たしか、労働に関する美しいシナリオがあったね。生きた労働、死んだ労働、スペクトル〔亡霊＝幻影〕のような労働。生命のように、それ自体が動きだすスペクトルや、ヴァーチャルなものを生みだすあらゆる形態のなかにまき散らされた、死んだものについてのシナリオ。あのプロジェクトについては、考えさせられたよ。

J・N そのことを、私は舞踏家のフレデリック・フラマンに説明したので、彼が展覧会とおなじように、生きたスペクタクルを演出してくれるだろう…。じつは、プロジェクトのメッセージが気に入った場合だけ出資する共催者を相手にしたアーティストの自由という、大きな問題が残されている…。彼らはもはや伝統的なメセナではない…。とはいえ、これからの展覧会は、このスタイルで資金が調達されるだろう。今回は、舞台美術のメセナがそうだった…。われわれの主題に関しては、字幕をつけて説明する必要がありそうだ。

ベルリンとヨーロッパ

J・B ベルリンは、君にとって、現在のヨーロッパのなかで、特別な意味をもっているのかな？

J・N ベルリンの運命は、二十世紀と結びついている。シンケル（カール・フリードリッヒ。十九世紀ドイツの建築家）的建築によって特徴づけられた伝説的な文化遺産をもつ歴史的首都が、ナチス第三帝国の首都になり、シュペア（アルベルト。ナチ時代を代表する建築家）化されたが、ひどく破壊されてしまった。その後、ベルリンは生き残ったが、勝利者にゆだねられて見捨てられ、殉教者となって分割された。まだ、その聖痕を背負っている。それから、解放されて、今度はヨーロッパが彼女に結婚を申しこんだというわけだ…。こうして、この都市は再び女王になった。デュマ風の美しい物語だ。さながら、モンテ＝クリスト伯爵夫人といったところだ！

J・B ベルリンの都心はどうなっているのだろう？　何らかの政治的あるいは都市計画的なプロジェクトが発表されて、明確なかたちで実行されているのかな？

J・N　「批判的再構築」と呼ばれる都市政策があって、それはつぎのように要約されるだろう。「何も起こらなかったかのように、作り直そう…。分厚い壁と小さな窓のある、伝統的な建物を再建しよう。空白の部分を、誇らしげに埋めつくそう。ライヒスターク〔旧国会議事堂〕に丸屋根を再建しよう…。」

壁が崩壊したとき、都市計画の戦略を立てようという企てがあり、ある大新聞が七、八人の国際的な建築家に意見を求めた。私が提案したのは、壁のあった立ち入り禁止地帯(ノーマンズランド)を長いミーティング・ライン〔出会いの線〕にすることで、そこでは、文化やスポーツの出会いや、余暇などのあらゆる活動や、バー、レストラン、ナイトクラブなどが、間近に見いだされるはずだった…。発想の逆転によって、かつての分割線が融合線になり、空白のあとに充満が、悲しみのあとに喜びが、禁止のあとに自由がやってくるのだ…。

とはいえ、都市の歴史は、とりわけその土地と石に刻みこまれている…。あの〔東西対立の〕年月を消去しようという意思は、ベルリンのアイデンティティと特殊性の展開に逆行するものだと、私は考えている。ベルリンという都市は、その特異性に誇りをもち、悲劇的なものをポジティヴに受けとめられることを示すだけの、あらゆる理由をもっているのだから。

J・B　ベルリンでは、人びとはすべてを歴史化したいという誘惑に駆られたのだ。もっともおぞましいものでさえ遺産に登録することの誘惑だ。彼らがブラジル最大の貧民街のひとつを世界遺産に登録することを望んだときのようにね。

J・N　たしかに、壁の崩壊以前〔のベルリン〕ならね…。けれども、街角の規模では、ベルリンは植物や水を関係づけるみごとな都会性をもった都市だ。都市の日常性の管理と刷新についてのミクロの戦略については、ドイツ人はわれわれより細やかな気づかいをしている。

J・B　フランクフルトやその他の都市では、かなり事情が異なっているが…。それに、一九六八年に、ドイツでもフランスでもおなじ運動があったが、あのときドイツでは、より多くの共同体がつくられた。大きなアパルトマンで台所を共有したり、〔共同〕生活が容易に過ごせたものだ。フランスでは、うまくいかなかった。大きなアパルトマンは高すぎたし。

ところで、〔ヌーヴェルが設計した、ベルリンの〕ギャラリー・ラファイエットの窓のことだが…。

制約の芸術としての建築について

J・N　いまでは、すこしは知られた建物の場合、そこで何かが起こると、誰にも知れわたることになる。いずれにしても、あの〔窓の〕ガラスは、割れて落ちても誰も怪我をしないようになっている！　車のフロントガラスのようにね。もっとも、今日のようなセキュリティ過剰時代では、強化ガラスだけではじゅうぶんではない！　じつをいえば、われわれはセキュリティを何よりも優先している。建築とは、制約の芸術なのだから。制約を前提にして、仕事をしなくてはならない。私はしばしば映画の例をあげるのだが、建築家は映画監督の役割も果たさなくてはならないし、ほとんどの場合、映画監督と建築家は、文化の世界でいちばん制約の多い職種だからだ！

どちらも、出資者やプロデューサーやプロモーターと、ほとんどおなじような関係を結ぶことになる。彼らはわれわれに資金をゆだね、それが利益を生んで、カタストロフィーをもたらさなければ満足するだろう。われわれは、決められた時間どおりに動くチームを組んで仕事をするし、それに検閲が存在している。建築家と映画監督はかなり特殊な状況に置かれていて、作家や評論家が出会う状況とはまったく異なっている。

J・B　セキュリティに関する問題なら、たしかにそのとおりだ…。

J・N　作家、文人、哲学者は、誰の許可を求める必要もない。

J・B　君は、制約なしに文章を書けると思っているらしいね。たしかに、君の場合ほどの制約はないが、作家、哲学者、研究者として、私はあるシステムにしたがっている。たとえば、出版というシステムだが、出版の世界はますます錯乱的になっているよ。

J・N　それでも、重要なのは、あなたが一冊の本を書くことができるということだ。あなたがそれを出版することが望まれなければ、その本はおそらく三十年のあいだ忘れられているかもしれないが、それは〔テクストとして〕存在するだろう。ところが、設計図だけの建物は存在しないのだから…。書かれた作品は、引き出しの奥にしまわれていたとしても、たしかに存在している。シノプシスしか書かない映画作家や、設計図しか引かない建築家は、何ひとつ達成できないのだ…。

J・B　その意味では、書物は先史時代の産物だよ！　書物はリアルタイムで読み手や聴き手にとどけられるわけではない。それは、ただどこかに存在しているだけだ。とはいえ、〔過去に執着しない〕リアルタイムが支配的な文化では、書物はもはや数週間しか存在しない。それが、書物が支払うべき代償であり、書物は、ただ単に消滅するほかはないのだ。

J・N 奇跡が起こることもある。エミリー・ディキンソン〔十九世紀アメリカの女流詩人〕は、何年もあとで再発見されたし…。

J・B セキュリティの科学は、全面的な支配を強めている。いたるところで、検閲のかたちをとって、コントロールを行使しているのだ。健康や、保護、環境といった、いわゆるポジティヴなあらゆる機能が巻きこまれている。それらの機能は、検閲を利用して、危険なやり方で特異性に敵対している。

透明性について…

J・B たとえば、透明性という観念をとりあげてみよう。透明であることは、光との戯れや出現し消滅するものとの戯れを表現するという意味で、すばらしいことではあるが、同時に、検閲の巧妙な形態につうじているような印象を受ける。われわれの時代が魅了されているあの「透明性」の探求は、すくなくとも、それが権力と結ぶ関係においては両義的なものだ。

J・N もちろん、透明性が私のイデオロギーというわけではない！〔ヌーヴェル自身がガラスを多用することの弁明〕たしかに、透明性が誤って用いられれば、最悪の事態とみなされるだろう。私としては、現時点での建築の進展に関して興味深いのは、「素材と光」の関係であり、それはまったく戦略的な要素となる。私自身は、形式的な空間のパラメーターより、たとえばガラスの透明性や不透明性が暴露する物質と光の関係のほうがずっと面白いと思う。

二十世紀をつうじて、人びとはあらゆる技術の大規模な探索に没頭してきた。そしていま、自分たちがおよそどの辺にいるのか、わかるようになったが、なぜ他の形態ではなくて、ある形態を選ぶのかは、よくわかっていない——だからこそ、（ある形態、ある建築、ある一定の空間の）「本質」が、これまでよりはるかに現代的な問題として、物質に関するわれわれの知の発展、量子物理学の進歩やフラクタルの発見などに結びつくようになったのだ。われわれと空間との感覚的な関係を変更することになるのは、世界や時間や空間についての認識がもたらしたわれわれの感受性に関する科学技術の発達なのだから。今日の傾向は、建築を造ることは連続性のなかに自分自身を登録する行為だと考えることであり、それは同時に、空間のなかで建築することなのだ。

光を物質としてとらえること

J・N　光を物質としてとらえる必要がある——たしかに、量子物理学の分野でも、まさにそのことが問題になっている。光子が質量をもたないのかどうかを問うことが、現在物理学者たちが検討している問題のひとつであり、彼らが光子の質量を発見するまで、問題は残るだろう。さしあたり、この種の質量は、研究者たちが理解できることの手前にあるが、その存在はほとんど確実なのだ！　そうだとすれば、「透明性」とは、いったい何を意味するだろうか？

ある種の材料を用いれば、時間差的なやり方で建物をプログラムして、一時的な効果を演出することが可能だ。伝統的あるいは古典的な建築は、建築の効果の恒常性をつねに演出してきたといえるだろう。現在では、同一の建物から複雑な建築的効果をプログラミングするような発想にもとづいて仕事を進める試みが、ますます多く見られるようになっている。だから、透明性を演出することは、建物に複数の表情をあたえるために、物質を利用することと変わりはないのだ。

もし、私がガラスを用いれば、素どおしで見える場面をプログラムできるだろう。その場合、前景を明るくするか、後景を明るくするかで、印象が異なるので、視界の奥行きや、言葉の厳密な意味での透明性を演出することが可能になる。逆光や、その他多くのことがらを利用できるからだ。透明性を厳密な意味で考察する別の方法もある——「誰にも見えないものをつくって、そこをとおしてすべてを見てやろう」というわけだ。もっとも、建築の分野では、それはただ単にポルノグラフィーにすぎないが…。

J・B 秘密の反対は猥褻だよ…。

J・N 私の建物は、ヴァーチャリティの効果の演出を試みている。物質がそこにあるのか、ないのか疑問になるようなもので、そこには、ヴァーチャルなイメージや、あいまいなイメージが創り出される。建物は透明性を演出することができるが、その場合、透明性は、反射作用という別の演出とかかわっている。

フォンダシオン・カルティエ〔パリのラスパイユ通りに面している〕では、空を見ているのか、空の反射を見ているのか、けっしてわからないだろう。ふつうは、両方を見ているのだが、このあいまいさが複数の外観という演出を創り出す。同時に、建物は、展示スペースとの関係で、もっとも通俗的な透明性〔内部が外から見えること〕をも演出している。そこでは、内部の展示が建物の性格、あるいはすくなくとも、その知覚像を変えることになるのだ——もっとも、それは、あらかじめ想定されていたことだが。つまり、建物の前を通る人にとっては、ショーウインドウになるのだ。

J・B 三宅一生展〔一九九九年〕の内覧会でみごとだったのは、内部では、君がこの日本のデザイナーの作品を動くように配置して〔展示品の衣服を天井から昇降させた〕、そのうえで、招待客自身からなるエキストラたちの場面を構成したことだ——招待された女性たちはみなイッセイ・ミヤケを着ていたので、そこにはすでに第二の連鎖的な展開が見られた。それだけでなく、君は建物全体の透明性を舞台装置として全面的に利用していたね。だから、外部の歩道に立っていても、作品が展示された場所でくりひろげられるアクションのすべてを見ることができた。そのこと自体が、展覧会の目的のひとつになったわけだ。

J・N ある建物を、その内部で開かれたすべての展覧会とともにイメージ化してみたら、面白そうだ。フォンダシオン・カルティエの空間がどんなものか理解するために、私がたいへん気に入った展覧会のひとつは「バイ・ナイト」〔一九九六年〕で、そこでは一階部分全体が夜の闇のように黒く覆われて、三カ月間完全に隠されていた。それも演出の一部だったのだ。透明性〔トランスパランス〕とは、外観を超えるもの〔トランス・アパランス〕でもある…。透明性を、すべてを見せつけたり、すべてを管理したりすることにもとづくイデオロギーとみなしてはならない…。

J・B しかし、君が望もうと望むまいと、そうした意味のイデオロギーは透明性の観念にふくまれている。建築だけでなく、情報のあらゆる手段、情報自体についてのトータルな情報の手段にも、ふくまれている…。だから、透明性の独裁に対抗して、透明性の魅力や秘密を演出しようという発想、絶対的な可視性を強いるものに対抗して、見えるものと見えないものの戯れを提案しようという発想もまた、微妙な試みとなるだろう。権力の媒介項としてあらゆる秘密の廃絶を意図する、もっとも通俗的な透明性に屈服する建築も、数多いのだから。そのような建築は、秘密がもはや視線の一要素ではないことを見せつけるのに役立つだけだ。

消滅について

J・N 透明性に関して興味深いのは、消え去るという概念だ。人間が人間となって以来、人間は合目的性や自然の力や物質と格闘してきた。人間は石を積んで建築をはじめ、油紙のちいさな切れ端で窓をつくり、それから、さまざまなものをつくることを学習した。建築の「ダーウィン主義」とでもいうべきものが、たしかに存在している。建築の進化をつうじて、人間は最大限の空間を克服し、最大限の表面を覆い、もっとも巧みに、だがもっとも少ない素材を用いて、（そんなふうには思わなかっただろうが）自分自身を（外部環境から）孤立させてきた。そこには、終わることのない前方への歩みがあり、それはけっして終わらないだろう。

建築の進化を、こう表現してもよいだろう——いちばん物質的な問題を、最大限の優雅さによって、いかにして解決するか？　この解決は、物質を支配することをつうじてなされてきた。たとえば、二十世紀になされたガラスに関する進歩は驚異的だ。ガラスという素材には、そのさまざまな利点のうちで、とりわけ砂からつくられるという特質があり、その製造には、巨大なエネルギーを必要としない。そのうえ、すぐれた持久性があり、いまでは、ガラスでほとんど望みどおりのものがつくれるようになっている。ガラスは肉眼では見えない粒子をふくんでいるので、ガラスの成分を驚異的なやり方で絶縁することで、不透明な、あるいは超透明なガラスができるし、色を変えることも容易だ。

結局、ガラスは言語のようなもの、あるいは突然変異を起こした素材のようなものになった。この物質は、あらゆる微妙な表現を可能にする。ガラス（の利用）は、じつに重い意味を担った傾向だ。

J・B　プラスチックの場合もそうだったが、ガラスがさかんに用いられる状況には、ガラスが普遍性をもつ物質になるような危険はないだろうか？

J・N　ないとはいえないだろう。ただ、ガラスは非常に表現力ゆたかな素材なので、こちらの望みどおりに用いることができる。建築のダーウィン主義の過程で、ガラスは多くの利点を獲得してきたが、それも、素材に結びついた演出に適しているからだ。というのも、ガラスは建物に多様な表情をあたえながら、建物を視覚的にプログラミングすることが可能な、唯一の材料なのだ。それに、今日では、瞬間〈ごとに変わる表情〉の意識を演出できるあらゆる要素をとらえることが、建築の傾向のひとつになっている。天候や季節の変化をとらえたり、訪問者の動きをとらえたりすることも、試みられている。そうしたことのすべてが、建築構成の一部なのだ。

また、ガラスと透明性をつうじてわれわれにあたえられたのは、壊れやすさの観念だ――〈他の素材より〉生き生きして、感動的なリアリティという意味だが。もっとも、銀行がガラスの壁で保護されるようになってからは、透明性もかなりの打撃をうけたようだ！

J・B　それでもまだ、脆弱な透明性という感じは残っている。じっさい、他の多くの言葉と同様に、透明性という用語は、重要な意味論的変遷をとげてきた。以前には、透明性はある種の絶対的な理想を表すことができた。たとえば、社会関係や権力関係の透明性が信じられた時代もあったのだ。いまでは、透明性は、むしろ恐怖政治のたぐいに変貌している。

J・N　たしかにそうだ。結局、透明性が口実になっている。それは、いまにはじまったことではない！　教会のステンドグラスも、おなじような小細工に用いられていた。サント・シャペル〔パリのステンドグラスで有名な教会〕は、われわれのような訪問者を予想していたわけではないよ！

けれども、建築とは、ある種の詩学や瞬間の形而上学を創造するものだと考えるなら、透明性は、別の意味合いを帯びてくる。建築には、堅固で持続するものと、つかの間ではかないものの発想があるのだから。いずれにせよ、永続性の概念は、建築の多かれすくなかれ公然たる役割として残っている。ピラミッドがそうだ…。

J・B　建築が、自分たちを超えて生き残るものであってほしいと、人びとは願っているのだ。ところが、すくなくとも私の見るところでは、そのことは現代技術の課題ではない。あるいは、永続性という課題自体が変貌し、方向を変えられてしまった。建築の課題は、むしろ時間を節約することだといえるのかもしれない。瞬間そのものを克服することだ。

J・N　なるほど。だが、それでは、ある建物が保存されるのは何のためなのだろうか？その建物が愛されるようになる時点から、建物は保存される。

J・B　人間もおなじだよ！

証人とは何か？
建築は何を証言するのか？

J・N　ある建物は、過ぎ去った時代の証人となった時点から保存される。それが、桂離宮や、もっとわれわれに近いところでは、エッフェル塔やボーブールのように、非常に脆弱なものだったとしても、時代の証人になることができれば、保存されるだろう。それらを持続させ、手入れして修復し、完璧な状態で維持することは、保存という儀礼を作動させる。事実、ある建物が「証人」の次元に到達したら、それはいわば封印されて、データとして保存されたことになる。鉄筋コンクリートや花崗岩だから長持ちする、というわけではない。この点では、ポール・ヴィリリオには悪いが、第二次世界大戦の時期の建築は、この点で、すでにかなり価値が下がっている。たとえば、ベルリンでは、バウハウス〔一九二〇年代〕の建物は保存されたが、五〇年代のものは、いたるところで取り壊されている。

J・B ル・コルビュジエのヴィラ・サヴォワ〔パリ郊外、一九三一年〕は、けっしてそれほど美しかったわけではないが、完璧に保存されている。つくられた頃より美しく、いっそうみごとに仕上がっている。遺産の改良がなされたとでもいえそうだ。フランク・ロイド・ライトへの東洋の影響、あの木や煉瓦を見たまえ。それが、その後どんな運命をたどることになるか、考えてみたまえ…。

当時、建築の素材に関するアヴァンギャルドとは、たとえば、ラスヴェガスのように持続することを目的としない、一時的な材料でつくられた有機的建築の企てのことだった。私は三十年前のこの都市を知っているが、まさに破壊そのものだった!

J・N あるいは、アメリカ人たちは度を越した方向に深入りし過ぎたので、かえって、途方もない建築ができるともいえる。われわれは、いつか眼がくらんでしまうまで、この行き過ぎを後悔しつづけるだろう…。いずれにしても、建築とは、逆説的にいえば、見るに堪えるものではない。建てられたもののごく一部だけが、価値をもつのだ…。あなたもわかるだろう、フランク・ロイド・ライトは二十世紀の建築にじつに大きな影響をあたえたが、落水荘〔ペンシルヴァニア、一九三六年〕など何百もの住宅や、ジョンソン・ワックス〔ウィスコンシン、一九三九年〕のようないくつかの大規模建築、それにグッゲンハイム〔ニューヨーク、一九五九年〕を建築した彼でさえ、アメリカでその痕跡を見いだすのは容易ではない。

特異性

J・N この点に関して、あなたが建築家への期待を述べたことを、私はとても気に入っている。つまり、建築家とは「特異なオブジェたち」を、いまなお創造しつづける存在であるべきだ、ということだ。

J・B 私の言葉に、それほど価値はないかもしれないが…。残念ながら、オブジェとは、ある意味で、人間の共同体のかたちを表現できる建築の終わりを、すこしばかり意味している。いま、君は「特異なオブジェたち」といったが、それはオブジェのもうひとつの特性だ…。

J・N 私は、二十年以上前から、オブジェを構成する類型学的、イデオロギー的、ドグマ的なあらゆる前提と対立する、オブジェの「ハイパー特殊性」の概念を擁護してきた。

J・B　ある時期には、すべての出来事が、一篇の詩を読む場合のように起こることがある。詩なら、君の好きなどんな解釈でも可能だ。詩がそこにあればよいのだから。オブジェは、それ自体のうちに意味が汲み尽くされるという点で、文字どおりの存在なのだ。君はもはや建築や詩について、自問自答することはない。君が問題にしている〔特異な〕オブジェは、文字どおり君を吸収し、それ自体のうちに完全に解消されるのだから。これが、特異性について説明する、私なりのやり方だ……。

ある時期には、この特異性は、そうしたやり方で出来事となる必要がある。つまり、オブジェが、社会学的、政治的、空間的、美学的などのあらゆる方法で解釈されるものとは別の何かになるようなやり方で、特異性を出来事にしなくてはならないのだ。おそらく、とても美しくて、特異なオブジェにはなれないようなオブジェは、普遍的美学やグローバルな文明に属することになるだろう。

たしかに、まだいくつかの種類のオブジェが見つかるかもしれないが、それぞれのオブジェの特異性を認識する際になされる情報のつきあわせを、考慮にいれる必要がある。オブジェの規格など存在しないし、公式が見つかるわけでもない。オブジェに適用すべき美学的あるいは機能的な解析格子など、存在しないのだ。同一のオブジェが、それに割りあてられたあらゆる機能に対応することができるが、それでも、オブジェだけがあのもうひとつの特質〔特異性〕をもつことに、変わりはないだろう…。

J・N　オブジェが特異であるほど、好まれるチャンスも多いとさえいってもよいだろうか？　そのことがむしろ、他のものとは別の〔特異なオブジェの〕結果であるとも思えるのだが…。

J・B　どんなものでも、おそらく好まれることができるだろうが、私はそのような考えにはかなり懐疑的だ…。それは関係や感情の問題ではない。君は、どんなものについても、それを君のために特異化する、何らかの感情を抱くことができるのだから。ある時点では、別の次元の認識が必要になることもある。たとえば、君が気に入れば、それは君の犬であって、他人の犬ではないが、その場合には、別の状況が問題となる。それがどの程度まで意識されないですむかは、いいにくいことだ…。そうした状況のうちには、すこしばかり、ドイツ語でデモーニッシュ〔悪魔的・超自然的〕と呼ばれるようなことがらが存在している。

J・N　特異性にとって、オブジェが美的であることは、美的性格が月並みな判断の形態にしたがうかぎり、最重要な要素ではない。あなたは、あるオブジェを醜いと、醜い以上に醜く、怪物じみているとみなしながら、それが絶対に迂回できない重要な実体なのだと考えることもできる。その場合、このオブジェはそのことによって、かえって美しくなるだろう。さいわいなことに、特異性を定義するために、美的規範のコードを尊重する必要はない。そんな規範とは一線を画して、コードを侵犯することが、興味深いゲームとなるのだから。

J・B ルーヴルの〔ガラスの〕ピラミッドを思い出そう。当時、あれは醜いといって建設を妨害する運動があったが、その後、人心は落ち着いてしまった……。

J・N その後、このピラミッドは利用者によって圧倒的に支持されたが、私にとって、あれは特異なオブジェの一例ではない。

J・B あれは、あきらかに型にはまったオブジェだ。それに、大胆さ、あるいは大胆さの不在は、君が孤立させる〔特異な〕オブジェに起因するだけでなく、それが発生させる空間にも由来する。デファンス地区〔パリ新都心の高層ビル街〕には、とにかく、不可思議な空間が出現したことはたしかだ。

もっとも、最初のうちは、あるオブジェが特異なものになるのかどうか、定かではない。

先ほど「生成」という語に関して述べたように、特異性として生成するかどうか、定かではないのだ。この場合にも、変化ではなくて生成が問題となるが、生成の可能性は、あきらかではない。ときには、歴史的、社会学的その他の状況さえもが、ある事物の特異な生成をもたらすことになる。

J・N 純粋な出来事というわけだね。「私は、純粋な出来事としての建築には敏感だ」と、あなたは述べていた…。

J・B 私に関心があるのは、私を仰天させるものだ。その意味で、美醜を超えた、純粋な出来事としての建築について、「敏感だ」と書いた。

J・N でも、あなたは「特異なもの」を「中立的なもの」や「グローバルなもの」と対立させている。

J・B そのとおり、私はグローバルなものと、普遍的なものと、特異なものを差異化している〔『パワー・インフェルノ』参照〕…。

J・N 「中立的なもの」について、あなたは、こうつけ加えたいわけだ——「そのためには、建築家など必要ない！」。

中立性、普遍性、グローバル性

J・B 文学、思想、芸術などについても、私はおなじことをいうだろう。中立性が保証されてしまえば、もう問題は起こらない。毎日のように、われわれに提案されているのは、全面的なセキュリティだ。中立的なものは、けっして評判が良かったことはなかった。それは無関心や、特性の不在や、特徴のなさを意味しているから、われわれの好みではない。そこには、大衆性と順応主義が感じられてしまう。

しかし、いまでは、別の形態の「中立性」の出現が見られる。文字どおりの意味で「外から見える」タイプの「中立性」だ。それはただ外から見えるだけの性質であり、あらゆる可能性がたがいに中立化される領域によって規定される。この中立性の領域は、以前の、特長も立体感もなかった中立性とは同一ではない。むしろ逆に、それは「ダイナミックな」中立性であり、あらゆる可能性に対して開かれているので、すべての可能性をニュートラルなものにしてしまう。先ほど話したカメラの例のように。

カメラを使って、君はあらゆる写真を撮ることが可能だが、その瞬間から、君は主体として中立化される。この中立性は、私にとって、人間的空間の零度のようなものであり、建築の場合も、そこに到達することがあり得るのだ。それが文化の結果であり、ひとつの選択、われわれの選択でもある。だからこそ、私は、特異なものを、中立的なもの、世界的なもの（ル・モンディアル）、グローバルなものに対立させることになる。

ここで、用語の理解を深めておこう。普遍的なものの諸価値とグローバリゼーションの諸価値とのあいだには、大きな差異が存在している〔『パワー・インフェルノ』参照〕。普遍的なものは、まさに、まだ価値体系であり、原則として、誰もがそこに接近できたから、それはまだ、何らかの獲得対象だった。さて、その後すこしずつ、普遍性が中立化され、すべての文化が並置されるようになったが、こうして生じた結果は、上からの価値による平等化にとどまっていた。他方、グローバリゼーションの過程では、むしろ下からの、最小公分母による均一化が見られる。つまり、世界の「ディズニーランド化」〔『シミュラークルとシミュレーション』〕というわけだ。

普遍性を育んだ価値観とは対照的に、グローバリゼーションは強烈な差別の劇場、最悪の差別の場所となるだろう。こういってよければ、それは「〔頂点と底辺の格差が大きい〕ピラミッド型の」グローバリゼーションであり、この種のグローバリゼーションが生み出す社会は、つねにますます分裂状態にあり、それは、もはや紛争対立型の社会とさえいえないだろう。そこでは、情報処理による特権、情報化された未来の利益を享受する者と、それ以外の者とのあいだで、意思の疎通が絶たれてしまうだろう。社会の二つの当事者が分離されて、それぞれの進路は平行線をたどるだろう。一方はますます、知と速度の洗練化へとむかい、他方は排除された状態で暮らすことになるだろうが、そこには紛争もなければ、架け橋もないのだ。

それは、紛争そのものの中立化であり、反逆よりはるかに危険な事態を意味する。階級闘争については、もう話さないことにしよう！〔階級間の〕衝突さえも、もはや存在しないのだから。そこには、もはや力関係さえ存在しないだろう！ ヒューズは溶けたままだ。これが世界化＝グローバリゼーションの実体なのだ。英語で「グローバリゼーション」というとき、この語は経済市場にいっそうかかわっているが、われわれの世界化〔モンディアリザシオン〕という用語は、もっと広い意味をもつことがらをふくんでいる。もっとも、この語を概念の次元で用いるなら、どちらでも同一のプロセスが進行しているといってよい。それは——中立性の領域での——同一化と全体化のプロセスであって、ひとつの思想、価値、ユートピアだった普遍性と対立する過程なのだ。そこでは、われわれは「実現されたもの」の次元に移行してしまった。普遍性には、特殊性が対立していた。グローバリゼーションには、特異性、つまり別の次元のラディカルさが対立する。特異性は、ぎりぎりのところで、二者闘争的な諸力の直接的な抗争に立ち入ることはない。それは革命的な力ではなく、革命的な力は、別のところに存在する。というよりは、発展をとげて消滅しつつある。グローバリゼーションの過程という、あの不可逆的な運動に還元されずに残るだろうものを見つけて、観察するのは興味深いことだ。

この運動は、その語が示す意味とは反対に、ひとつのシステムなのだ。なぜなら、「グローバリゼーション＝世界化」という用語は、すべてをその内部に包括するように見えるが、そうではなくて、いまや世界化の運動は、ある種のヴァーチャルなハイパー社会層をつくりだそうとしている。このような社会層が、あらゆる手段を、あらゆる権力を手に入れるだろうことはあきらかだ。このグループは、ますます数を減らして絶対的なマイノリティとなるだろう。そして、社会を総称する多数者を構成するその他の社会層は、事実上、完全に排除された状態に置かれるだろう。

こうして、われわれはパラレルで、二重化された社会のほうへ進んでゆき、そこでは、社会の両側の状況はまったく異なるものとなるだろう。それがいったい、どのような生活になるのか、私にはわからないが、すでに今日でも、都市ではそのような生活がはじまっているような印象がある。

この意味で、都市は予言的であり、ある種のヴァーチャリティの段階からリアルで、ナチュラルで、伝統的な空間の段階へと移行する。現実と現実性の領域では、空間は共有されるが、もっとも抽象的な、ヴァーチャルな空間は共有されることがない。こちらの空間は、そこに接近可能な者の特権的な場所となる。われわれが相手にするのは、もはや支配だねられる。

階級ではなくて、情報処理にかかわる知識層であり、あらゆることがらは彼らの思考にゆ

こうして、結局、ヨーロッパではユーロがつくられることになった。現在〔二〇〇〇年〕とても話題になっているユーロは、上から降りてきたかのような、ヴァーチャルなオブジェの典型だ。上から降りてきたあらゆる政治的決定は、現実世論とは無関係に確定するのだが、人びとはそんなことは気にもとめない。そうなるだろうと思われていたことが、起こっただけだ！　おそらく、誰もが、正規の市場と並行する、ある種の闇市場とともに、周辺部でうごめいている。もちろん、誰もが、そこから逃れようと、もがいてはいるのだが。ますます、すべてがパラレルなサイトで動きはじめている。並行〔闇〕市場、闇労働、中心から離れる資本などだ。ある意味では、さいわいなことではある。というのも、もし〔パラレルなサイトの〕一方の他方に対する支配が全面的であり得るとしたら、それは避けられない防衛上の戦略なのかもしれないからだ。

それは、ほとんど、あらかじめ定められていたことのように思える。世界は、そのようにあらかじめ決められていたのだと…。

運命と生成

J・B　私にとって、運命（デスタン）とは何かと交換できないもののことだ。何かを構築することにいたるまで、また、構築に関して、それは真実だといってよい。それ自体の終わりと交換され得ないものは、運命に似ている。生成や特異性のかたち、運命そのもののかたちに似ている。宿命（プレデスティナシオン）は、すこし異なっている。こちらのほうは、終わりが始まりのなかにあると告げるが、終わりを除去しないもののことだ。ある意味で、終わりはすでに存在している。だからこそ、あらかじめ決められた定めの円環ができあがるのだ。

運命とは、目的原因論的連続性のうちに書きこむことができないもの、幸福だろうと不幸だろうと、別の何かと交換できないもののことだ。思想や理論は交換不能だと、私は思っている。それは、真実とも現実とも交換できない。交換は不可能だ〔『不可能な交換』では、等価物を失った世界は不可能な交換の壁にぶつかる、とある〕。そのことのおかげでこそ、思想は存在している。

けれども、逆に、交換が可能なあらゆるものがある…。おそらく、都市、建築、空間の歴史〔的経験〕などがそうだ。つまり、そこには交換の可能性が存在しなくてはならないし、事物は交換されなくてはならない。しかし、ときには、事物はまったく交換されない。ある建物の等価物が存在しないのは、その建物には必要性がないからだ。そんな建物は、何ものとも交換されない。それは不幸な運命であり、ある意味では失敗でもある。ところが、特異なことがらもまた、何ものとも交換されず、自律性を保っている。ただ、この場合には、それがひとつの達成されたかたちだといえるだろう。

J・N 運命と合目的性の概念に関して、ひとつ面白かったのは、あなたが、結局、建築家に思考しないように勧めたことだ！

J・B たしかに、そのとおり！ 皆がいつも多くの思想をもちすぎていると、私がいうとき、私は思想家に対しても、そういっているのだ…。思考〔パンセ〕と思想〔イデー〕を差異化しなくてはならない。私は彼らに、思考しないよう勧めているのではなくて、思想〔＝観念・アイディア〕をもちすぎないように勧めている。それでは、いったい何を思考すればよいのか…。だが、そうなると、話が元にもどってしまうだろう。

J・N われわれが困難な場所で危険を冒していることは、承知のうえだ。それに、何がわれわれの定めなのか、あきらかではないとわかっているのに、それでもなお、われわれには最小限の戦略が必要だ！ そして、そのことが、現在たしかに問題なのだ。どんな夕イプの建築が、いまなお生き残ることができるのだろうか。すでにその方向性の大半が知られている状況のなかで、明日になれば意味を持つような建築…。

J・B　…状況について、われわれがほとんど知りすぎていることが、まさに問題なのだ！

建築の思想と歴史

J・B　今日の建築が抱えている問題のひとつは、あらかじめ建築の思想や建築の歴史を手に入れなければ、もはや建築をつくれないということだ。たとえば、哲学の領域では、君は歴史や、哲学の思想がしたがっている参照事項、要するに、多様な要素が混ざり合ったことがらの山積みを考慮に入れなくてはならない…。この点について、私は「あまり考えすぎないように！」といったのだ。

君が、建築のプロジェクトについて考えているとき、そのプロジェクトの空間や歴史や環境に関する多様なデータ、目標や合目的性、それらすべてが、おそらくある時点で、最初の計画とは真に異なる、思いがけないオブジェに君をたどりつかせるだろう。だが、君が計画を立てすぎたり、概念化が細かすぎたりすれば、アイディアの鉱脈は枯渇してしまう。このことは、理論的研究の領域でも真実であると私は思うが、すべての参照事項を積みかさね、データを増やしていくような研究者は、研究の軌跡をどこまでも細かくたどりすぎて、何かをいう前に消耗してしまう。結局、何もいえないのだ。

J・N たしかに、われわれは建築の知の一部ではないような建築をつくることができる。建築は、もはや、それだけで自立できる学問分野ではないが、そのことが、かえって、これまで以上に思考したり、探求の領域を広げたりするよう、われわれに強いることになる…。われわれの都市の建物の大部分は、建築の知という意味で考えられてこなかった。そうした建物は、自動的に、無頓着に、ただ存在しているだけだ…。だから、私は不安に思うのだが、もしわれわれが特異なオブジェを望むなら、分析と考察とコノテーションの諸手段を用いなければならないし、矛盾した複数の目標の相互関係を確定することが必要だし、つまり、思考することが不可欠になるだろう…。

別のタイプの知恵

J・B なるほど、だが、私は自然発生性の神秘を主張しているわけではない！ じつは、セレンディピティ〔（科学研究などの）思いがけない発見〕の誘いに乗ることも必要なのだ。

J・N セレンディピティ？

J・B そう、セレンディピティ。たしかに、誰もその正確な定義を知らないが、何かを探していて、思いがけなく、まったく別のものを見つけてしまうことだ。

J・N 私は、そんなやっかいな一件の信奉者ではないが、ジュールダン氏のように、セレンディピティを体験したとはいえるだろう…〔モリエールの喜劇『町人貴族』で、主人公のジュールダン氏が家庭教師に散文と韻文の区別を教えられ、自分がそれと知らずに散文で話してきたと気づいて驚く場面の暗示。この場面は、ロラン・バルト『エクリチュールの零度』でも言及されている〕。

J・B 重要なのは、何かを探してきたということだ！ 君が最初に探していたものの側をとおったとしても、探求の方向が変わって、別の何かが発見されるだろう…。セレンディピティの概念はアングロサクソン系の思想に存在し、とくに、科学研究の分野に応用されている。それはロンドンにある店の名前でもあって、そこでは、君が探しているもの以外なら、欲しいものは何でも見つかるのだ！ この単語はサンスクリットに由来している。「知恵」を意味するとても美しい言葉で、何世紀も前から、インドの聖典にしっかりと根づいている。

J・N　結局、われわれは何かを探しているが、それが何だか、けっしてわかりはしないので、とにかく何かしら見つかれば、すべてはうまくいく、ということかな…。さいわい、建築には、正解がひとつしかないなどということは、絶対にあり得ない。何百万もの、嘆かわしい解答や、数千の刺激的な解答があるだけだ。そのなかから、実現可能な解答をひとつ、〈隠れた獲物のように〉狩り出せばよい。

とはいえ、そうした解答が単純平板なことはめったになく、解答自体が、逆説的なようだが、明快であろうとしながら、解読不能でもあろうとしている。つくり方の詳細を暗記できるような建物ほど、耐えられないものはないよ！　建築についての講演会などでは、しばしば、建物のつくり方が料理のレシピのように紹介されているが。われわれ建築家は、建築の「ハウツー」を語ったり、建築の戦略を暴露したりしたいとは思わないものだ。むしろ、ある種の誘惑には不可欠な謎をつくりだしたいと、いつも考えている。

スタイル〈様式〉の問題

J・B ブエノスアイレスで、複数の有名な建築家による建物の紹介が、五日間つづいたことがあったが、そこでは、そんな謎のことは問題にもされなかったよ〔「ブエノスアイレス・メトロポリス」（一九九六年のシンポジウム）〕。ただ、プロジェクトの性質、プログラムの展開、得られた結果、自作を展示した男女の建築家の国際的キャリアのあれこれなどが、語られただけだった。われわれの眼の前でくりひろげられたプレゼンテーションは、建築の謎に関しては、信じられないほど貧しいものだった。

J・N われわれは多様な要素の重なりを前にして、けっして全面的に解明されたり、解読されたりしないことがらを前にして、仕事をしている。語られないことの領域に属するようなことがら、われを失うほど没頭できることがらが、つねに存在していなくてはならない。同時に、建築の仕事は、まったく異なる感受性をもつ人びとに共感されなくてはならないから、こうした多様な人びとの注目や関心を引けるような、いくつかの目印を建築に配置する必要がある。

J・B　そのような社会学的計算は、いくつかの領域では、ほとんど機能していない。たとえば、宣伝広告産業全体が、この種の〔計算の〕考察を主軸にしているが、じっさいには、宣伝や広告が有効に機能しているかどうか、当事者にもあきらかではないのだ。

J・N　それは、文学や絵画や音楽についてもいえることだ。偉大な作品、偉大な著作は普遍的であり、あらゆる教養と教育レヴェルの人びとを感動させている。

J・B　たしかにそうだが、それは芸術家たちが、芸術や美術史や美学的約束事をもっともらしく演じたりせずに、作品を創造できる場合にかぎられるだろう。その場合には、最終的に、感動が可能になるかもしれない。ちょうど、建築家が、建築に関して、建築の歴史と現在までの建築に関して、あらかじめ振り返ったりせずに、建物を建てることができるようなものだ。何もない真空状態をつくりだせることが、おそらく、あらゆる正統的な創造行為の前提なのだろう。もし、君が真空状態をつくれなければ、特異性にはけっしてたどりつけないだろう。君はすばらしいものを生産するだろうが、そのためには、過去の遺産を考慮にいれて、過去のあらゆる蓄積の遺伝学を通過する必要がある。

J・N　なるほど。だが、それでも、獲物を狩り出すための戦略はなくならないだろう。

J・B　建築は、テクストを書くことほど自発的な行為ではあり得ない。

J・N　たしかにそうだ。とはいえ、建築を特徴づけているのはそのテクスト性、つまりある建築のどの細部からでも、その建築だと見わけられるという事実なのだよ。ただ外形だけの話ではない。ライト、ル・コルビュジエ、アールト（アルヴァル。二十世紀フィンランドの建築家、パイミオ・サナトリウム（一九三三）など）、カーン（ルイス。エストニア出身のアメリカの建築家、エール・アートギャラリー（一九五四）など）のような二十世紀のあらゆる偉大な建築家の場合、あなたはそのひとつの細部だけで、誰の作品か見わけられるはずだ。彼らの建築のこうした特異性はめざましいもので、そこには、何かしら自然で、自発的な要素が存在しているが、同時に、プログラムされ、推敲され、あらかじめ熟考された（プレメディテ）建築でもあるのだ。

J・B　あらかじめ定められた（プレデスティネ）といってもよいだろう…。

J・N　事前の熟考という仕事は、現在、もっとも必要とされている。このプロセスが、建築の凡庸化や、ばかげた反復や、自閉症化を回避してくれる…。

J・B　誰もが、建物の建設をもたつかせる手段をもつわけではないが、誰でも、出来の悪い文章を書くことはできる。この点で、〔テクストの〕容易性は危険なものだよ。

J・N　そのとおりだが、〔建築の場合〕あらゆる場所に装飾をほどこすことで、奥行きや思想の幻想にふけっている建築家が多いのも事実だ。そのような装飾は、建築の意図の不在や不整合性をいい繕うために存在している。一般的にいって、装飾は建築の代用品によって建築そのものを隠すものだ。装飾とは、差をつけようとする強迫観念のことであり、装飾のなかでは、何でも、どんな世界でも、模倣できるのだ。

建築家だとみなされている装飾家も存在している。つまり、彼らは場所の精神に働きかけ、それを明るみに出そうとする。そのことは、三〇年代には真実だったし、スタルクのように、ある場所を再特性化できるようになった建築家の場合には、今日でも真実だといってよい。

J・B　いまでも、建築のスタイル〔様式〕について語られるのだろうか？　というのも、特異性との関係から、私はスタイルとはいったい何なのか、ぜひ知りたいのだが…。スタイルをもつ作家は、とにかく、それと見わけられるが、制作された作品は、必ずしも特異なイメージをまとっているわけではないだろう。

J・N　スタイルがまさに特異なイメージのことなら、話は別だが。それは、じっさい、建築の大問題のひとつだ。スタイルは、建築の進化という問題を提起している。二十世紀の建築家たちは、造形芸術の領域の芸術家として位置づけられ、この芸術の分野を占有して、造形芸術こそが彼らの場所だと主張した。この形式上の身元証明から出発して、戯画的な建築作品が増殖することになる。すべてを白や青や花飾り等々でつくる者たちだ。ここから、神話がはじまる！

たとえば、マイヤー〔リチャード（アメリカ）。LAのゲッティ・センターなど〕の建築を歴史的にたどると、いつでも白に行き着くし、あなたは、正方形しかつくらないウンガース〔オズワルド（ドイツ）。ケルンのヴァルラフ・リヒャルツ美術館など〕や、事物を裏返しにひっくり返す芸術家のバゼリッツ〔ゲオルグ（ドイツ）。頭を下にした人物などを描いた〕に出会うことだろう。それらは、建築をあらかじめ特定された語彙の集合として構想するので、一目で見わけられるスタイルであり、その語彙を、あらかじめ設定されたコードにしたがって利用するわけだ。

私の考えでは、スタイルとは、それとは別のものであり、むしろ行動の仕方を意味している。もちろん、スタイルの別の定義を提案することもできるだろうが…。個人的には、私はあるスタイルによる行動の仕方に、むしろ関心がある。このことは(私に関していえば)、ある種の批評家やある種の人びとに、問題提起をすることになる。彼らは、まずはじめに、「でも、彼はいったい何をつくっているんだろう？」と疑問をもつのだ。

　ある建築家の行動の仕方が見わけられるとき、その人のスタイルについてわれわれが抱く認識も、特定される。この種の芸術家的建築家が建築する場合、彼らの建物は、つねに個別的なものとなる。なぜなら、その建物は、ある意味で、彼らの署名となるからだ。けれども、彼らのやり方は、彼らが活用できそうで結局活用しない、その他の個別性とは無関係に記録されるほかはない。彼らは、あるシステムのなかに閉じこめられてしまう。スタイルとは、世界を思考する特異な方法を反映すべきものであるはずなのだが。

ひそかな共犯性

J・N　あなたは、複雑性（コンプレクシテ）〔現実の記号化がもたらす差異の複雑性〕より共犯性（コンプリシテ）〔オブジェ（モノ、客体）と他者性と特異性の側に立つこと〕を選ぶといったことがある。私は、この発想をとても好ましく思うが、それこそは、真の建築の問題なのだ。われわれ建築家は、ただ共犯性のなかでだけ、奥深いやり方で仕事ができるようになる。そしておそらく、この共犯性のなかで、一定の複雑性に到達するのだが、複雑性自体が目的なのではない。しばしば、われわれの仕事が複雑になるのは、ただ単に、複雑である必要が生じただけのことだ。

　あらかじめ複雑性を探求しようとするようなやり方は、興味深いことがらは複雑であるはずだという理論に、長いあいだ結びついていた。なぜなら、その時点では、われわれはまったく反復的な単純化から抜け出そうとしていたからだ。建築の場合、複雑性の概念ははるかに稀で、未体験のものだった。それは、もっと遠くまで行けるようになるための、唯一の保証なのだ。

けれども、複雑性を、もっと広い地平で理解する必要がある。複雑性が確立するということは、人びとのあいだに単純な理解以上の共通感覚や助け合いが存在することを意味している。私がフォンダシオン・カルティエをつくる場合でも、この建築を構想し、作業を指揮する存在との共犯関係が確立していなければ、建築は不可能だ。このような共犯性は、チームや企業や包括的なプロジェクトのレヴェルで存在していなくてはならない。そこには、共同のダイナミズムが存在するはずだが、それはしばしば沈黙を守るダイナミズムであり、結果のなかで表現されることになる。

とはいえ、共犯性という語は、しばしばマイナスの意味を感じさせる。誰もが自分の場所を見つけようとしているこの世界で、あなたが特定の人びとと特権的な絆を結びはじめると、あなたは陰謀をたくらんでいるとか、誰かをだまそうとしているといわれて非難されるのだ。もしあなたが、単なる契約上の関係ではない関係をつくりだすなら、何かの仕事をしながら自分も楽しみはじめるなら、あなたはルール違反だと警告されるだろう…。楽しみながら建築をつくることは、とても悪いことのように見られるのだから！　とくに、建築のプログラムについて語る前に、自分の願望について語ったりしてはならない。ところが、すべての偉大な建築家たちは、施工者〈メートル・ドゥーヴル〉と施工主〈メートル・ドゥーヴラージュ〉とのあいだに共犯関係をつくりだしてきた。ガウディやゲーリーの例を見れば、施工者と施工主が切り離せない関係にあることがわかる。

自己実現としての自由について

J・B 「共犯性」は「誘惑」同様、評判の悪い言葉だが、どちらも、透明性のイデオロギーとは対立している。ある種の関係の共犯性は「外に出せない」もので、せいぜい暗示されるだけだ。それでは、いったいどのような自由とともに、そうした共犯関係が受け入れられるのか、私にはわからない。もちろん、私はこの種の自由に対して、ある種の偏見を抱いているのだが！　ある種の解放に対して。

結局、自由は近代性の理想になってしまったので、もはや問題を提起する力を失ってしまったように思える。個人が解放されたとき、その人はもはや自分が何者なのかを知らない。あなた自身になれ、自由になれ！　すこしばかり、こんな具合で、近代性の新たな独裁制というわけだ。この種の新たな解放という制約のもとで、個人は自分のアイデンティティを見つけることを強制されている。今日でも、われわれは自己を同一化し、自己を達成し、自己のあらゆる可能性を実現せよという最後通告を突きつけられている。

この意味では、われわれは「自由」だ。というのも、われわれは、自由を技術的に実現するためのあらゆる手段を手に入れたのだから。しかし、この種の自由は、気前のよさ〔リベラリテ〕という意味での自由であり、結局、リベラリズムにたどりつくほかはない。自由とは、つねにそのようなものだったわけではない。自己の自由と闘う主体の自由は、また別の問題だ。

今日の個人は、何と闘うわけでもなく、ただ単に、自分に可能なかぎりのあらゆる次元で、自己を実現することを務めとしているにすぎない。われわれは、もはや真の意味で自由の問題を提起することはできない。自由とは、もはやある種の操作的機能性（オペラシオナリテ）にすぎないのだ。

J・N　それは、あなたが以前にこう書いたとき、いいたかったことだろうか？「結局、われわれは、建築の概念がもはや可能でさえないような社会、つまり建築家にはもはや自由がないような社会にいるのだ」

J・B　いや、かならずしもそうではない。もはや〔近代性の時期とは〕同一ではないイデオロギーの領域で、自由とはいったい何を意味するのだろうか？　隷属や欠如の状態での自由は、ひとつの観念であり、ある種の運命だった。ひとは自由を願望し、探し求めた。解放は、自由とはおなじものではあり得ない。私がいいたかったのは、そのことだ。君が解放されて、実現された自由を生きていると信じたとき、それは罠にすぎない。君の目の前には、可能性の実現という幻覚があるだけだ…。かつては観念や夢やユートピアだったすべてのものが、仮想的には実現されたのだから。君は、もはや合目的性をもたない自由という逆説を前にしている。自由とは、ただ単に、君のアイデンティティを聖化することなのだ。

J・N あなたは何をいいたいのかな？

J・B そうだね。君がこの自由の名において、自己を達成する権利をあたえられたとしよう。単純なことだが、しばらくすると、君はもはや現在の君ではなくなる。それは外科手術のようなものだ。罠は、アイデンティティの歴史化からはじまる。男女の性がそれぞれのアイデンティティを見いだしてしまえば、もはや何も共有されず、どちらの性もそれぞれのバブルのなかに閉じこもるだけだろう。それが他者性だろうか？　自由は、いまいましい悔恨の念を背負っている。最終的には、歴史的な意味での諸民族の解放もまた、とほうもない欺瞞だった。そこには、考えられないような部分が除去されずに残されるだろう。

したがって、達成されたことがらには、ある種の悔恨の情がつきまとう。われわれは自由だ――それがどうしたというのだ？　自由が、現実に達成されたはずだという印象を、人びとがもつようになった時点から、すべてがはじまる。個人が自由になるという思想――もちろん、誰もが自分のために――、そこには、たとえば、種〔人類〕のようなものに対する、おそるべき裏切りが存在している。個人の解放、誰もがそのことを夢見てきたが、この主題については、集団的な悔恨の情のようなものがつきまとっている。そうした感情のすべては、自己に対する憎悪、人殺しの実験、同胞殺しの戦争…といった病的な状態によって表現される。それでもなお、このような事態を問いなおすという、最後の要請もどこかに存在するだろう。

解放は、それが真実であるにはあまりにも美しすぎる。そこで、君は運命を、他者性を探し求める。といっても、たいていの場合、人為的なものだが。君は、せめて、自由の夢にまで見た形態を見いだすために、他者性を発明することを、何かしら危険なものを発明することを強いられる。といっても、自由の達成された形態ではない。それは、まったく耐えられないものだ。運命の不在それ自体が、ひとつの宿命なのだから！

さて、それでは、このような自由を、建築家はいったいどうしようというのだろうか？

J・N　建築家自身は、自由ではない…。それに、建築との関係でも、人間たちは自由ではない。建築とはつねに、問われていない問いに対してあたえられるひとつの解答なのだ。たいていの場合、われわれ建築家は、何らかの不測の事態を解決するよう求められる。そして、たまたま必要に応じて、すこしばかり建築をつくれるなら、立派なものだ…。

だが、地球上の四分の三の人間が建築について思考する状態にはないことを、われわれはじゅうぶん理解している。ところが、建築があまりにも目立ちすぎると、人びとは建築を非難する。無関心と非難の両極端のあいだで、いったいどこに建築の正しい位置があるのだろうか?

J・B それはハンディキャップではなくて、ひとつの戦略的な価値だ。

J・N われわれの文明の来るべきかたちがどのようなものであろうと、建築のための場所はつねに存在するだろうし、建築に住まうための特別の戦略、建築の守るべき領域も、つねに存在するだろう。都市の消滅という仮説、つまり都市がもはや物理的な領域として存在しなくなるという意味での消滅という仮説から出発するとしても——建築による都市のイメージには適さない仮説だろうが——、それでもなお、そうした新たな前提に結びつき、それを快楽の源泉とするような建築的行為は、つねに存在しつづけるだろう。

インターネットとともに書物が消滅するといわれているが、人間はつねにどこかに住む必要があるし、どこかの場所に存在する必要があるのだ…たとえ、建築的行為がますます自動的（オートマティック）〔＝機械的・非主体的〕なものになる傾向があるとしても。

J・B　クローン化された脳髄のために！

J・N　交換可能な建築家によってつくられるオートマティックな建築、というわけだろうか。われわれは、この種の宿命につけ狙われてはいない。そのような事態は、今日すでに現実の主要な部分を占めているが、われわれ建築家は、宿命の規則を失効させるための例外でありつづけるのだから。

〔完〕

Jean Baudrillard

特異なオブジェたちをめぐる「建築と哲学」の対話

——訳者解説に代えて

Jean Nouvel

1　知的事件としての「対話」

西暦二〇〇〇年パリ、ジャン・ボードリヤール×ジャン・ヌーヴェルという、われわれの時代の思想と建築を代表する知の巨人の対話が、テクストとして発表された。「対話」の主催者となった「作家の家」(Maison des écrivains)は、一九〇一年設立の伝統をもつパリの公的文化組織で、文学者や思想家の社会的活動をさまざまな形態で支援してきたが、一九九〇年代後半からはパリ＝ラ・ヴィレット建築学校と共同で「都市の架け橋」と題する対話シリーズを開催して、作家や哲学者たちと建築家や都市計画家たちとの交流を進めている。二十世紀最後の年であるとともに、新たなミレニアム最初の年でもあった年に刊行されたボードリヤール×ヌーヴェルの対話の記録は、終わりと始まりが混在して、たしかな行方がまだ見えてこない同時代の文化状況をラディカルに、つまり過激で根源的に問いなおす視点から、哲学(思想)と建築の結びつきをめぐる本質的な問題を、まさに現在進行形で読者に提起している。

「知の巨人」といっても、ボードリヤールが、かつては『象徴交換と死』(一九七六年)で理論的暴力としての思想を提案し、最近では9・11に関する発言——「それを望んだのはわれわれのほうだ」(『テロリズムの精神』二〇〇一年)——などをつうじて、いわば「異端の悪役」をみずから引き受けてきたのに対して、ヌーヴェルのほうは、フランス建築アカデミー金賞、ヴェネツィア・ビエンナーレ金獅子賞など、数々の国家的、国際的栄誉を受けた「正統派の主役」であることは、いうまでもないだろう。また、世代やキャリアに関しても、一九二九年生まれで、東部の地方都市ランスでアルジェリア反戦運動に参加した高校教師から六八年五月革命の発祥地であるパリ大学ナンテール校の社会学教授になった、いわばたたきあげラディカル派のボードリヤールと、その息子の世代とも言える一九四五年生まれの、パリの国立美術大学（ボザール）に首席で入学した秀才で、フランス建築研究所副会長を務めるヌーヴェルとのあいだの距離は、けっして小さくはないだろう。

重要なのは、そうした表層的な社会的価値観からすれば対極的な二人のあいだに、「対話」がみごとなほどの緊張感と連帯感をともなって実現したという事実だ。この知的事件が成立するために必要な共通項、それはもちろん「特異性」であり、その意味では、ボードリヤールとヌーヴェルという二人のジャン自身が、じつは「対話」の表題でもある「特異なオブジェたち（les objets singuliers）」にほかならなかったのだ。

はじめから結論めいた言い方をしてしまったが、テクストの展開をたどれば、「建築にとって真実は存在するか？」というボードリヤールの問いから開始された「対話」は、まずヌーヴェルによって、建築とは「その固有の目的の彼方」「現実的なものの限界の彼方」に存在するのではないかと言い換えられ、それを受けたボードリヤールがいくつかの実例（ポンピドー・センターや、あのWTC！）から「めまいを誘う特異なオブジェ」としての建築が体現する他者性を、そうした「彼方の建築」のうちに見いだそうとすると、今度はヌーヴェルが、主体と客体の啓蒙的弁証法を乗り越えて、「知と非知の臨界」に位置する「限界を超える建築」を提案する、といったぐあいに、「対話」は思想と建築の現代的可能性を問う、スリリングな方向に発展してゆく…。

2 「特異なオブジェたち」と「特異性」

それでは、この場合、「特異なオブジェたち」あるいは「特異性」とは、いったい何を意味しているだろうか。

「対話」の展開に即して言えば、「特異なオブジェたち」とは、まずボードリヤールにとっては、今あげたパリのポンピドー・センター、NYの世界貿易センター（9・11の一年前だ）、アリゾナの砂漠のバイオスフィア2（地球生態系の巨大なシミュレーション施設）などのことである。われわれの思想家は、たとえば、パリの歴史的街並みや、マンハッタンのもはやクラシックなスカイスクレーパーの群れや、砂漠の赤い砂や緑のサボテンといった絵葉書めいたバナルなコンテクストを無視するかのように、ただそこに文字どおり孤立して建っている（WTCは双子だったが、そのことがかえって違和感を強めていた）異物としてのオブジェを「特異な」と形容したのだった。

つまり、それは、主体——客体や自己——他者といった、ある意味で安定した二項対立を動揺させる、非妥協的で、非和解的で、他の何ものにも還元できない強烈な他者性のかたちなのである。すでに一九九〇年に、ボードリヤールは「結局、他者性はただひとつのかたちに要約される。オブジェというかたちだ」（『透きとおった悪』）と述べていた。

こうしたオブジェが提示する「特異性」とは、したがって、建築の場合、それが何かの記号やメッセージの媒体であることを拒否する「それ自体のうちに意味が汲み尽くされる」（本文参照）オブジェの特性であり、そこから、「建築家とは《特異なオブジェ》をいまなお創造しつづける存在であるべきだ」（本文参照）というヌーヴェルの主張がひきだされることになる。「いまなお」というのは、特異なオブジェの歴史的出現が二十世紀前半のアヴァンギャルドの時代にさかのぼることを示唆しているだろう。たとえば、二人のジャンが「対話」でくりかえし言及していたマルセル・デュシャンのレディ・メイドを思い出してみよう。《ファウンテン（泉）》（一九一七年）と命名されたあの白い陶製の便器は、その後一世紀近くにわたって数々の解釈とメッセージを付与されてきたとはいえ、モノとしての《ファウンテン》というオブジェ自体はそれらを無視し拒否する他者として、ただそこにあるだけなのだ。（だが、複製の既製品にすぎないレディ・メイドの「オリジナル」が消失して、その「レプリカ」つまり複製の複製の複製…がつくられるという倒錯した事態が生じたことは、現代アートの消費社会的記号化を暴露していた。）そして、建築ばかりか、すべての文化が記号化されたデータの情報処理によって複製＝クローン化される「世界の自動記述」（ボードリヤールの言葉）の段階では、特異なオブジェの「異物性」はいっそうきわだったものとなるだろう。

もっとも、彼らの問いかけや提案自体は、本文で二人が交わした「対話」そのものから「文字どおり」読み取るべきことであり、ここでは、その細部をこれ以上パラフレーズすることは避けて、むしろ「対話」の岸辺から離れることは覚悟の上で、彼らの問題意識の背景にある思想状況について、歴史的な視座からすこしばかり考察してみたい。

3　哲学（思想）と建築、二つの「ポストモダン」

哲学（ここでは、純粋な思惟の様式というよりは、その社会的形態としての「思想」）と建築の親近性については、すでに多くの言葉が語られてきた。というのも、建築という芸術は、たとえばロマン派の画家ドラクロワが「建築は、絵画や彫刻のようには自然から直接何ひとつ取り出さない」（一八五二年九月二〇日の『日記』）と書いたとおり、外界（自然）を対象化して描写する表象芸術とは異なり、精神それ自体にかたちをあたえてオブジェとして構築する芸術であって、思想＝アイディアがなければ成立し得ないジャンルだからである。

このこと自体の着想は古代ギリシアにさかのぼるが、近代では、ヘーゲルが『美学講義』（第三部）で指摘したことでもある。ドイツの観念哲学者は「個々の芸術ジャンルの体系」を論じるにあたって、まず最初に建築をとりあげて、「一般的な意味を他に示そうとする建造物は、この高度な思想〔精神の意味〕を表現するという以外の目的はもた」ないと述べていた（引用は長谷川宏訳〔作品社〕。〔　〕内は筆者の補足）。

この定義めいた言葉は、じつは、建築の「目的」がある種の共同性（ヘーゲルによれば「国民や諸国民」）の意識の「内面的な支え」となるような作品を打ち立てることだというイデオロギーを前提にしていたのだが、あえてそのような点を強調せざるを得なかったことは、十九世紀の西欧市民社会では、建築の（実用的な）「目的」が「あれこれの側面を目に見える形にし、象徴的にあらわし、人間の手で表現する、というにすぎなく」（ヘーゲル、邦訳、前出書）なったという現実が進行していたからだった。こうして、現実の建築はその精神的定義から離れて、（同時代の諸芸術同様）「ひとつの主体のもとに〔…〕まとめあげることができない」、「ばらばらで、断片的な、自然生活の抽象体と精神的思考の混合物」（同上）へと向かっていったのである。

このことは、近代と思想をめぐる歴史的状況とも重なっていた。そうした事情を示唆しているのが、ジャン＝フランソワ・リオタールの『ポストモダンの条件』（一九七九年）である、というと意外に思われるかもしれない。この著作で、リオタールが「極端に単純化するなら《ポストモダン》とはメタ物語に対する不信のことである」と述べたことは、いまではあまりにもよく知られているし、この言葉が著者をポストモダンの旗手に祭り上げてしまったのだから。だが、テクストに即して言えば、ここで「ポストモダン」とは、リオタール本人やチャールズ・ジェンクスのテクスト（「ポストモダンの建築言語」など）がきっかけとなった、一九七〇年代から八〇年代にかけての知的（そして建築的）流行としての「ポストモダニズム」のことではなくて、著者自身が強調するように「十九世紀末から科学や文学や諸芸術のゲームの規則に影響をおよぼした変化のあとの文化状況」（強調は筆者）を指していたのである。

したがって、リオタールがいう「メタ物語」とは、「精神の弁証法、意味の解釈学、理性と労働の主体の解放」といった、まさにヘーゲル的な「大きな物語」のことであって、そうした「自己正当化のための言説」の不在が、この場合ポストモダンの歴史的特徴だった以上、ヘーゲルが『美学講義』で慨嘆した「ばらばらで、断片的な〔…〕混合物」の時代は、すでに一世紀以上前のポストモダン状況を予告していたことになる。

こうして、啓蒙思想と機械文明をつうじてまず西欧社会にもたらされ、その後（近代化イコール西欧化として）世界に広がることになった近代性（モデルニテ）は、すでに十九世紀末頃から「ゲームの規則」の変更をせまられたのだったが、知のこのような変容が、哲学という「自己正当化の言説」を事実上お払い箱にしてしまったことは、思想とその生産システムの深刻な危機をもたらした。「正当化というメタ物語の機構が時代遅れになったことには、とりわけ、形而上的哲学の危機と、この哲学に依存していた大学制度の危機が対応していた」（リオタール、前出書）のである。それ以後、二十世紀をつうじて、哲学思想が自立した体系を構築する機会は（破産した制度的マルクス主義哲学による擬似ヘーゲル的体系化を除けば）もはや訪れることがないだろう。

このような思想の危機をもたらした、いわば第一のポストモダン状況は第二の（われわれの時代の）それよりはるかに深刻であり、理性（精神）・主体（個）・中心（西欧文明）という三位一体的な知の価値観を根底から揺るがせることになった。表象芸術に関して言えば、西欧帝国主義による世界の植民地化のパラドックスとして、アフリカ、オセアニア、南米等の「未開（プリミティヴ）」文化が西欧「文明」の中心に流入するという逆転現象が見られたことは、時代の傾向を特徴づける大きな出来事だった。たとえば、ピカソの「アヴィニョンの娘たち」（一九〇七年）がパリの人類学博物館での体験から生まれ、チューリッヒ・ダダ（一九一六〜一九年）の創始者ツァラが、ウィーンで発行されていた文化人類学の学術誌『アントロポス』（現在も刊行中）から着想を得ていたことを思い出しておこう。

ところが、建築の領域では、二十世紀とともにはじまったモダニズムの大きな流れが「未開」への回帰としての反近代をめざすこの種の傾向を封じてしまったことは、よく知られているとおりだ。このことは、おそらくヘーゲルのいう建築と共同性の結びつきにかかわっていた。「ダダは共同体への不信から生まれた！」というツァラの叫びを共有しなかったモダン建築は、レーニン・スターリン型の社会主義やヒトラーとムッソリーニのナチズム・ファシズムから消費資本主義を土台とするリベラルなデモクラシーへといたる二十世紀の歴史的展開をつうじて、その時代の（擬似的）共同性に奉仕する巨大な仕掛けとして機能したのだった。この意味では、第二次大戦後、故国ドイツに帰ったアドルノが書きしるした「アウシュヴィッツのあとで、詩を書くことは野蛮である」（『プリズメン』）という言葉は、建築にも（おそらく詩の場合以上に）あてはまるだろう。

プリミティヴィスムとの批判的距離についていえば、それはウィーンの建築家アドルフ・ロースが『装飾と罪悪』（一九〇八年）で強調したことでもあった（ロースが一九二〇年代パリで、ダダイスト、ツァラの住宅を設計したことは興味深い。そこには、黒人芸術の装飾的なコレクションが山と積まれていたのだから）。自分の肌やボートや櫂に刺青をするパプア人を引き合いに出して「文化上の進化とは日常使うものから装飾をはぎとることと同じである」（伊藤哲夫『アドルフ・ロース』〔SD選書、鹿島出版会〕から引用）と断言したロースは、建築から装飾を追放することを提案し、実践した。そして、パリで装飾芸術（アールデコ）展が開催された一九二五年に、ル・コルビュジエも「文化は《内的生命》への進展である。黄金の飾りと宝石の装いは人の心に今なお棲む晴衣をつけた野蓄人（ママ）の所作である」（『今日の装飾芸術』〔前川国男訳、SD選書〕から引用）と述べて、みずから「聖像破壊者」であることを公言したのだった。

その結果、「一九三〇年代以降のいわゆる《近代建築》、またわれわれが今日〔ポストモダニズムの流行が顕在化する以前の一九七〇年代〕目にとめる新建築には様式がかった装飾らしきものが見当たらないことからもわかるように、その後の建築はロースの主張どおりに展開することになった」(伊藤哲夫、前出書。〔 〕内は筆者の補足)とすれば、あの最初のポストモダンの「ゲームの規則の変更」は、建築の場合、すくなくとも同時的には有効に作用しなかったことになる。ミースの「レス・イズ・モア(より少ないことはより内容豊かだ)」が、ヴェントゥーリによって「レス・イズ・ボア(より少ないことはより退屈だ)」に変換されるためには、一九六六年を待たなくてはならなかったのである。逆にいえば、だからこそ、第二の(一九七〇〜八〇年代の)ポストモダンは、建築からはじまったのではなかっただろうか。

こうして、ポストモダニズムの時代とともに、思想と建築は再び歩調を合わせることになったかに見えたが、「大きな物語への不信」は、結局、双方の側にとって「真実」は存在するかというアポリアをショートカットして、思想と建築を記号と情報のインプットとアウトプットのシステムに変換することになった。そうなると、どちらの側にも、もはや真にクリティカルな、つまり批判的=臨界的な試みの追求は、不可能になってしまう。この不可能の壁を越えるために、二人のジャンは「対話」(ボードリヤールの表現によれば「決闘的な」対話)という形式を選んだのだった。

本書の最後で、ヌーヴェルは「無関心と非難の両極端のあいだで、いったいどこに建築の正しい位置があるのだろうか?」と問いかけているが、この問いは、そのまま現代思想の方向性にも向けられている。

4　ボードリヤールとヌーヴェルの仕事

さて、「対話」の理解のために、このへんで、ボードリヤールとヌーヴェルのこれまでの仕事を手みじかにプレイバックしておこう。

まずボードリヤールだが、一九二九年七月二十七日、ジャンヌ・ダルクゆかりの古都ランスで生まれ、二〇〇五年には七十六歳になるわれわれの思想家が、社会学者として欧米の思想界にデビューしたことは、もちろんよく知られているとおりだ。彼はまず、一九六八年の『物の体系』と一九七〇年の『消費社会の神話と構造』の刊行をつうじて、同時代の消費社会を記号論的に分析し、そこではモノとサーヴィスが欲求の充足ではなくて差異の表示のために「消費」されることに、いちはやく注目したのだった。

その際、最初の著作が『物の体系』つまり「オブジェのシステム（Le systeme des objets)」と題されていたことが示すとおり、ボードリヤールが、社会とモノの関係を抽象的に論じるのではなくて、現代人の日常生活にあふれるモノの生態そのもの、つまりフォルムやデザインや色彩等々の要素までをふくんだオブジェ自体への関心から出発していることを忘れてはならないだろう。彼の最初の来日講演が、一九七三年京都で開催された世界インダストリアルデザイン会議（ＩＣＳＩＤ）の「デザイン：経済学と象徴交換のあいだ」だったことは、この点で印象的だ。そこで、彼はすでに、オブジェを主体に奉仕する物質的な客体ではなくて「他のひとつの主体（シュジェ）のための主体」とみなすことを提案していた（『工芸ニュース』

一九七四年三—四号、工業技術院製品科学研究所刊）。この発想は、ヌーヴェルによる建築の非物質性の主張を先取りしたものとさえいえそうである。

その後の、オリジナルとコピーの二項対立を越えたシミュレーションの発想や、世界の記号化・情報化による現実の消滅という指摘、さらには、9・11以後の批判的思想の限界を乗り越える「出来事としての思想」の提案などについては、ここでは立ち入らないでおく。

彼が建築に関して具体的なかたちで発言している最初の主要なテクストは、一九七六年の『象徴交換と死』（第二部VI「触覚性と二進性」）であり、そこでは本書でも取り上げられた「特異なオブジェ」である世界貿易センター（一九七三年完成）がすでに論じられていた。このテクストで興味深いのは、ボードリヤールがWTCとアンディ・ウォーホルをアナロジックに論じていることだ。彼は、双子の塔がたがいの記号となることでもたらされる「記号の二重化が、記号の指示するものの存在に終止符を打つ」と述べてから、「これこそアンディ・ウォーホルがやったことである。マリリン・モンローの顔をいくつもコピーした彼の作品は、オリジナルという概念の死と表象作用の終わりそのものだった」と指摘していた。

そして、あの二〇〇一年の9・11という事件は、われわれの思想家にWTCをふたたび語らせることになる。ボードリヤールは、二〇〇二年初頭に9・11を主題としてマンハッタンのワシントン広場で開催された集会に招かれて「ツインタワーへのレクイエム」（『パワー・インフェルノ』に収録）と題された講演をおこない、ツインタワーの崩壊がシステムの全能性自体がいつかは破壊されることのシンボル的な表現となっていると述べたが、建築としてのWTCに関しては、つぎの示唆的な言葉を残していた。

「完璧に均整のとれた、窓のないこれらのモノリスとともに残されたのは、ある種のブラックボックス。分身（ダブル）となって閉じられる一組のセットだけだ。まるで建築そのものが、システムの現状を反映して、もはやクローン的操作と不滅の遺伝子コードからしか生まれないかのように。」

結局、ボードリヤールは一貫して「特異なオブジェたち」の側から発言してきたのだが、彼のこのような態度は、現代芸術を論じた場面で、いっそうラディカルなものとなる。「対話」にも出てくるが、一九九六年五月二十日の『リベラシオン』紙上に発表された論考「芸術の陰謀」で、著者は、現代芸術の「すでにゼロ（無価値）となっているのに、ことさら無価値と無意味を追求する」という「陰謀」を鋭く見抜いたのだった。つまり、オブジェを利用しながら、レディ・メイドの無限反復から逃れられない現代芸術が、いまなお主体と客体＝作家と作品の固定観念にとらわれていることを、彼はあえて告発したのである。この思想が本書の「対話」にも通底していることはいうまでもない。

一方、ジャン・ヌーヴェルは、一九四五年八月十二日フランス南西部のフュメルで生まれた。トゥールーズとボルドーのほぼ中間に位置する、人口六千足らずの小都市である。一九六六年にパリに出て国立美術大学（通称ボザール）に首席で入学したことは、すでにふれたとおりだ（六八年五月革命世代ということになる）。卒業後、七〇年に友人と最初の建築事務所を設立し、七一年、早くもPAN（新建築計画）第一回設計競技で受賞している。その後、ピエール・ソリアと共同で多くの建築を手がけ、代表作に、アラブ世界研究所（パリ一九八七年）、リヨン・オペラ座（一九九三年）、フォンダシオン・カルティエ（パリ一九九五年）、ギャラリー・ラファイエット（ベルリン一九九六年）、ルツェルン文化会議センター（二〇〇一年）などがあることはよく知られているだろう。

「対話」との関連で注目されるヌーヴェルの主張は、「限界を越える建築」と「非物質的建築」である。一九九六年バルセロナの第一九回国際建築家連合（ＵＩＡ）会議での講演で、ヌーヴェルは「建築は、それぞれの時代や建築に本来備わる不変の法則によって定義される限界のなかで変動するものである。建築の本質はその本来の限界のなかでみずからを実現することである」というギーディオンの説を反転して、「建築はそれぞれの時代によって定義される限界を超越し、その法則を新たな発展に適合させるのである。建築の本質はその本来の限界を超えることである」と述べていた。そのうえで、彼は、抽象化とテクノロジー化（電子化）を軸とする二十世紀以降の文化が物質性から非物質性へと向かっていることを強調して、たとえば「つなぎ目や枠がなく、内側と外側の境界を曖昧化するガラスの使用」という「ゲーム」をつうじて、建築が「物質の消滅」という方向にむかう過程がはじまっていると宣言したのだった（ヌーヴェルに関するデータは、二〇〇三〜四年の東京オペラシティ＋大阪サントリー・ミュージアム「ジャン・ヌーヴェル展」カタログ等による）。

さて、最後にふたたび建築と哲学の問題にもどるなら、ギーディオンの言葉が示すように、建築が限界のなかで自己を実現するほかはないとすれば、この限界を超えるためには、建築自体が「自由」を追求する行為となる必要があるだろう。ところが、この点でボードリヤールとヌーヴェルのあいだには微妙な差異が生じる。哲学者が「君が解放されて、実現された自由を生きているを信じたとき、それは罠にすぎない。君の目の前には可能性の実現という幻覚があるだけだ」とシニカルに言い放つと、建築家は、彼らが自由ではないことをみとめながら、建築は問いと答え（Q＆A）のセットを提供する場ではなくて、「建築とは問われていない問いに対してあたえられるひとつの解答」であると応じて、「交換可能な建築家によってつくられるオートマティックな建築」が「現実の主要な部分を占めている」とはいえ、「われわれ建築家は、〔そのような〕宿命の規則を失効させるための例外でありつづけるのだから」（〔　〕内は筆者の補足）と、静かに、だが力強く述べて「対話」を終わらせていた。

例外としての建築、例外としての思想——それなしには「特異なオブジェたち」が存在し得ないことを、二人のジャンの「対話」は二十一世紀の読者に語りかけている…。

訳者あとがき

本書は Jean Baudrillard, Jean Nouvel, *Les objets singuliers - Architecture et philosophie*, Calmann-Lévy, 2000. の全訳である。このテクストは二〇〇二年に再版され、また英語訳 *The Singular Objects of Architecture* がミネソタ大学出版部からやはり二〇〇二年に発行されている。邦訳にあたってはそれらを参照したが、フランス語原文に関しては異同はなく、また英語訳は原文の理解を助ける自由な訳文ではあるが、原文から少々離れた箇所もあったようだ（英語訳だけでなく、スペイン語訳 *Los Objectos Singulares*, ドイツ語訳 *Einzigartige Objekte*, イタリア語訳 *Architettura e nulla. Oggetti singolari* が刊行され、世界中で静かなブームを呼んでいる著作である）。

本邦訳書のタイトルについては、原書表題を直訳すれば「特異なオブジェたち――建築と哲学」となるが、編集部の強い意向もあり、「特異なオブジェたち」の部分をあえて原語表記とした（読み方は「レ・ゾブジェ・サンギュリエ」となる）。結果的には、そのことで表題の（ひいては本書の）「特異性」がきわだつことになったかもしれない。また、「建築と哲学」ではあるが、著者名の順が「哲学者」＋「建築家」となっていることはいうまでもない。

本書の特徴は、目次を見ればすぐにわかるとおり、なんといっても「対話」にある。つまり「建築と哲学」をめぐって現代フランスを世界に代表する哲学者（思想家）ボードリヤールと建築家ヌーヴェルが緊張感あふれる知的連帯をベースに、縦横自在に語り合った記録なのだ（本書の成り立ちや位置づけ、二人のジャンの経歴などについては「解説」を参照していただきたい）。「対話」といっても、この種の仕掛けにありがちな安易で妥協的な受け答えではなくて、一人の発言が数ページもつづき、反論と再反論が織り成される（ボードリヤールによれば）まさに「決闘的」な体験となっていることに、読者は気づかれたことだろう。

また「建築と哲学」といっても、対話の重点は「建築」に置かれている。（「解説」にも記したが）基調低音はもちろん「特異性」だ。ヌーヴェルが、時代やジャンルの法則性によって規定される「建築の限界」（ギーディオン）をいかにして超えるか？という問題を特異性の側から提起すると、ボードリヤールが「特異なオブジェたち」としての建築への彼自身の関心から、特異性を「共犯性」に結びつける新たなブレークスルーの可能性を示唆して、思想と建築の親近性を強調するのである。したがって、英語訳に序文を寄せたマイケル・ヘイズも言うように、この対話では「建築も哲学も、何らかの伝統的なやり方で扱われるだろうなどと期待すべきではない」のであり、その意味では、むしろ「反建築、反哲学」の書となっているとさえいえるだろう。

ところで、ボードリヤールの長年にわたる訳者としてつけ加えておきたいことがある。訳者は、一九七九年に『消費社会の神話と構造』の邦訳を（今村仁司氏との共訳で）刊行して以来、四半世紀以上にわたってボードリヤールの仕事を、その人生の歩みとともにたどってきたが、これまで日本では、彼の著作の導入は社会学や（せまい意味での）思想の領域にかぎられ、現代アートや写真、映画、建築などに関する活動は（写真論・写真集『消滅の技法』〔梅宮典子訳、パルコ出版〕を除いて）ほとんど紹介されていなかった。今回の「対話」によって、ヌーヴェルとともに「数少ない文化的立役者」のひとりであるこの知の巨匠の、日本の読者にとっては未知の領域の一端があきらかになることは、それだけでも「知的出来事」だと言えるのではないだろうか。

本訳書の刊行にあたっては、東京工業大学教授デイヴィッド・スチュアート氏から示唆に富む教えをいただいた。また、鹿島出版会の打海達也氏には、編集作業ばかりでなく、彼の専門である建築設計の立場からも貴重なアドヴァイスをいただいた。これらの知的「共犯性」によって、この書物は成立している。あわせて、感謝の意を表しておきたい。

二〇〇五年三月三日
パリ、カルチェ・ラタンのカフェにて

塚原 史

第二の対話

第一の対話

▶著者

ジャン・ボードリヤール　Jean Baudrillard

1929年ランス（フランス）生まれ。元パリ大学ナンテール校教授（社会学）。1970年代に現代社会の記号論分析で世界的に注目される。その後は、オリジナルとコピーの対立を超えるシミュレーションの時代の到来や、ヴァーチャル・リアリティーとクローンによる現実の消滅などを先駆的に論じて「出来事としての思想」の提案者となる。9・11以後の世界のゆくえについても積極的に発言。現代美術批評や写真家としての仕事でも知られる。著書＝『物の体系』『シミュラクールとシミュレーション』『アメリカ』（以上、法政大学出版局）『象徴交換と死』（ちくま学芸文庫）『消費社会の神話と構造』『透きとおった悪』『湾岸戦争は起こらなかった』『完全犯罪』『不可能な交換』（以上、紀伊國屋書店）『パスワード』『パワー・インフェルノ』『暴力とグローバリゼーション』（以上、NTT出版）など。

ジャン・ヌーベル　Jean Nouvel

1945年フュメル（フランス）生まれ。パリ国立美術学校に首席で入学、五月革命の時代を過ごす。1970年最初の事務所を開設。1980年代にミッテラン大統領発案による「グラン・プロジェ」の一環《アラブ世界研究所》で全世界の脚光を浴びる。空間と時間の普遍化に抗うその建築は限りなくコンセプチュルかつコンテクスチュアルである。作品＝《トゥール国際会議センター》《リヨン国立オペラ座》《カルティエ財団現代美術館》《ギャルリー・ラファイエット》《ルツェルン文化会議センター》《電通本社ビル》《アグワス・デ・バルセロナ》《ケ・ブランリー美術館》など。受賞＝アガ・カーン賞、フランス芸術文化勲章コマンドール、フランス建築アカデミーゴールドメダル、ヴェネチアビエンナーレ国際建築展金獅子賞、イギリス王立建築家協会ゴールドメダル、高松宮殿下記念世界文化賞など。

▶訳者

塚原 史　つかはら ふみ

1949年東京生まれ。早稲田大学政治経済学部卒業、京都大学大学院文学研究科（フランス文学）修士課程修了、パリ第三大学博士課程中退。現在、早稲田大学法学部教授（ダダ・シュルレアリスム研究、20世紀文化論）。著書＝『言葉のアヴァンギャルド』（講談社現代新書）『アヴァンギャルドの時代』（未來社）『シュルレアリスムを読む』（白水社）『記号と反抗』（人文書院）『人間はなぜ非人間的になれるのか』（ちくま新書）『ダダ・シュルレアリスムの時代』（ちくま学芸文庫）など。訳書＝ボードリヤール『象徴交換と死』『消費社会の神話と構造』『透きとおった悪』『湾岸戦争は起こらなかった』『完全犯罪』『不可能な交換』『パスワード』『パワー・インフェルノ』『暴力とグローバリゼーション』ベアール『アンドレ・ブルトン伝』（思潮社）ゲール『ダダとシュルレアリスム』（岩波書店）など。

les objets singuliers — 建築と哲学

ジャン・ボードリヤール
ジャン・ヌーヴェル

2005年4月7日　初版第1刷発行©

訳　者　塚原 史

発行者　鹿島光一

発行所　株式会社 鹿島出版会
〒100-6006 東京都千代田区霞が関3-2-5
電話 03-5510-5400
http://www.kajima-publishing.co.jp

DTP　エムツークリエイト

印　刷　三美印刷

製　本　牧製本

ISBN 4-306-04448-3　C1010　Printed in Japan